职业教育·通用课程教材

Tumu Gongcheng Yingyongwen Xiezuo
土木工程应用文写作

杨树枫　张　平　主　编
周　菁　文　豪　副主编
　　　　卢正平　主　审

人民交通出版社股份有限公司
China Communications Press Co.,Ltd.

内 容 提 要

本书以交通土建类专业学生学习和工作期间应知应会的应用文写作为主体,注重实践和应用,强化读写训练。全书分为六章,包括应用文概述、党政机关公文,行政事务应用文,土木工程应用文,常用书信,社交礼仪应用文。每一章大体分为四个模块:一是概念、特点和种类,二是写作方法,三是写作要求,四是课后练习。

本教材可供高职土木工程类各专业学生作为相关基础课程教材使用,亦可供相关专业工作人员在工作中参考,中职土木工程类学生可参照使用。

本教材配套多媒体课件,教师可通过加入职教路桥教学研讨群(QQ:561416324)获取。

图书在版编目(CIP)数据

土木工程应用文写作/杨树枫,张平主编. —北京:
人民交通出版社股份有限公司,2015.9
高等职业教育"十二五"规划教材
ISBN 978-7-114-12500-3

Ⅰ.①土… Ⅱ.①杨… ②张… Ⅲ.①土木工程—应用文—写作—高等职业教育—教材 Ⅳ.①H152.3

中国版本图书馆 CIP 数据核字(2015)第 212009 号

职业教育·通用课程教材

书　　名:	土木工程应用文写作
著 作 者:	杨树枫　张　平
责任编辑:	任雪莲
出版发行:	人民交通出版社股份有限公司
地　　址:	(100011)北京市朝阳区安定门外外馆斜街3号
网　　址:	http://www.ccpress.com.cn
销售电话:	(010)59757973
总 经 销:	人民交通出版社股份有限公司发行部
经　　销:	各地新华书店
印　　刷:	北京市密东印刷有限公司
开　　本:	787×1092　1/16
印　　张:	9
字　　数:	230 千
版　　次:	2015年9月　第1版
印　　次:	2021年4月　第4次印刷
书　　号:	ISBN 978-7-114-12500-3
定　　价:	25.80 元

(有印刷、装订质量问题的图书由本公司负责调换)

前　言

在高职高专院校的课程设置中,应用文写作作为基础技能课程,对培养学生"一专多能"和提高学生综合素质可起到显著的作用。本书根据教育部《高职高专教育基础课程教学基本要求》和《高职高专教育专业人才培养目标及规格》等相关要求,专为土木工程类高职院校各专业精心设计。

在编写过程中,我们按照"够用、好用"的原则,力求做到体系简明,内容适度,例文新颖,习题适中,突出专业性。全书分为六章,主要内容包括:第一章绪论,第二章行政公文,第三章行政事务应用文,第四章土木工程应用文,第五章常用书信,第六章社交礼仪应用文。每一章大体分为四个模块:一是概念、特点和种类,二是写作方法,三是写作要求,四是课后练习。其目的是便于课堂教学,有效提高学生应用文写作能力。

本书由贵州交通职业技术学院卢正平教授担任主审,贵州交通职业技术学院杨树枫、张平担任主编,贵州交通职业技术学院周菁、文豪担任副主编。具体编写分工如下:第一、二、三、五、六章由杨树枫、文豪编写;第四章由张平、周菁编写。

本书在编写过程中,参考、借鉴了许多相关的教材、教参及资料文件,从中得到了许多启发,在此,编者对本书参考文献的作者以及无法标注的网络作者,谨致由衷的感谢!

本教材第一版在使用过程中,得到使用师生的认可,也收到教师的积极反馈,我们对相关的内容进行了梳理,并针对书中涉及国家关于应用文新的规定进行了修订,使本书更规范,更适应教学的需要。

由于编者水平有限,书中的不妥和错误之处在所难免,恳请读者提出宝贵意见和建议,以便今后修订和完善。

编　者
2015 年 8 月

目　　录

第一章　应用文概述 ... 1
第一节　应用文的概念和特点 ... 1
第二节　应用文的作用和种类 ... 2
第三节　应用文写作的要求 ... 3
课后练习 ... 3

第二章　党政机关公文 ... 4
第一节　党政机关公文概述 ... 4
第二节　公告、通告 ... 9
第三节　通知 ... 13
第四节　通报 ... 21
第五节　报告、请示 ... 25
第六节　批复 ... 31
第七节　函 ... 33
第八节　会议纪要 ... 36
课后练习 ... 39

第三章　行政事务应用文 ... 42
第一节　计划 ... 42
第二节　总结 ... 46
第三节　调查报告 ... 53
课后练习 ... 61

第四章　土木工程应用文 ... 62
第一节　可行性研究报告 ... 62
第二节　招标书、投标书 ... 67
第三节　建筑工程合同 ... 73
第四节　建筑工程设计说明书 ... 81
第五节　施工日志 ... 87
第六节　监理日志 ... 90
第七节　工程现场签证 ... 92
第八节　工程竣工报告 ... 95
第九节　工程竣工决算报告 ... 98
课后练习 ... 102

第五章　常用书信 ... 103
第一节　求职信、应聘信 ... 103
第二节　介绍信、证明信 ... 105

  课后练习 ··· 108
第六章 社交礼仪应用文 ··· 109
 第一节 启事、声明 ··· 109
 第二节 演讲稿 ·· 112
 第三节 欢迎词、欢送词、答谢词 ··· 116
 课后练习 ··· 119
附录一 党政机关公文处理工作条例 ··· 120
附录二 一般工业项目可行性研究报告编制大纲 ····························· 126
附录三 招投标业务的基本程序 ··· 135
参考文献 ··· 137

第一章 应用文概述

第一节 应用文的概念和特点

一、应用文的概念

应用文是机关、企事业单位、社会团体以及个人在日常工作、学习和生活中办理公私事务、传播信息、表达意愿所使用的、具有实用价值和固定(惯用)格式的文体。

二、应用文的特点

(一)政策性

应用文是国家政治、经济和社会生活的产物,因此制定、宣传、执行和推动政策以及政策的贯彻落实,是应用文的重要功能之一。它既是作者立场、观点、决策意图的表现形式,又必须符合党和人民的根本利益,符合党和政府为人民服务的根本宗旨。从它的内容功能看,它具有政策的指导性、约束性、强制性和权威性;在所适用的范围内,必须遵照其执行。下级机关在贯彻实施过程中,还要结合本地区、本部门的实际情况,研究许多具体的政策性问题,并将实践的经验和教训反馈给上级机关,作为完善有关政策和作出新决策的参考或依据。

(二)实用性

实用性是应用文最根本的特征和生命之所在。首先,从写作的目的看,应用文有着明确的实用目的,或报告情况,或请示工作,或商洽事项,或交流经验,或联络协调,或发布法规,或记载凭证……总之,每篇应用文都是为解决工作或生活中的某个问题而写作的。其次,从写作的内容看,无论是所指的对象,所提出要解决的问题,所反映的情况,还是作者对问题的分析,对问题所持的态度以及所提出的意见、办法、要求等,都是明确的、具体的。第三,从写作的效用看,它直接参与社会组织的管理、指导、协调、规范,促进各种问题的解决和各项工作的开展。第四,表现在写作形式上,应用文有固定或惯用的写作格式,体现出实用方便的特点。

(三)真实性

应用文失去真实性,就失去了其价值和意义,甚至会造成重大的破坏性影响。例如,写工作报告使用虚假的材料就是欺骗上级;写调查报告使用片面性的材料就会歪曲事实真相。对所引用的领导人讲话、资料文献、政策法规等,必须严格把关,认真核对,所涉及的时间、地点、人物、事件、数据要绝对准确。观点、结论要真实可靠,符合客观事物规律,反映客观事物本质,不能凭借自己的好恶或主观臆断。

(四)程序性

由于社会交际的需要,应用文的格式要求或约定俗成,或由行政机构作出统一规定,为大家所共同遵守,这就是应用文的程式性特点。例如,公文的文面格式包括版头、主体、版记三个部分,每一部分又由一定的要素构成,写法、位置都有统一的规定,不允许标新立异,另搞一套。

(五)时限性

应用文是服务于工作或生活的实际需要的,是为了解决工作或生活中的实际问题,所以要在一定的时限内完成,这就是时限性。例如,一个新闻事件发生了,就要立即报道出去,如果延误便成为"旧闻",失去了报道的意义。在商务谈判完成后,要签订协议书或合同,没有协议或合同,经济活动就无法进行。总之,为使问题在一定时间内解决,应用文就必须在一定时间内写成,否则就会错过时机,贻误工作。

第二节 应用文的作用和种类

一、应用文的作用

(一)指挥管理作用

国家、社会就像一台巨大的机器,需要有效的指挥管理,才能高效有序地正常运转。党和政府,乃至各个行业系统、企事业单位的领导机关,都是其所负责的那个区域范围的指挥中心,都具有指挥管理的职能。公文和其他事务性应用文是实现这一功能的重要手段之一。

(二)行为规范作用

应用文中有相当一部分是依据社会制度、民族特点、风俗习惯等实际情况制定出的工作或活动准则,如法律法规、社会规范、技术规范等。这些法规性文件,通过书面形式公之于众,就成为必须切实遵守和执行的行为准则。

(三)联系交流作用

社会,是人类生活的共同体。生活在社会上的个人与个人、个人与集体,要联系交流,要联络感情、商量事情、处理事务,离不开应用文。如果联系交流的渠道受阻,就会造成工作秩序的混乱,使整个或部分的管理体系失效。

(四)凭据证明作用

各级机关常用的应用文,大多为阐明、传达领导机关的意图、工作指示以及政策法规,使受文机关或对象在工作中有据可依、有证可查而制发的。尤其是公文,它是党和国家统一管理工作、协调各方面行动的依据和凭证,如命令、批复、会议纪要等都具有很强的记载和凭据作用。经济应用文,一经形成和确认,就成为执行的依据,有关各方就必须切实履行,承担所规定的责任和义务。除此之外,以个人身份所写的申请书、求职信、声明、启事,以及各种条据等,同样也具有凭据证明作用,有的甚至还要承担法律责任。

二、应用文的种类

应用文的种类很多,本书不可能一一介绍,仅选择了部分常见、常用并为专业学习所需要的文体,按其性质与用途分为以下五类:

(1)党政机关公文。根据《党政机关公文处理工作条例》(中办发〔2012〕14号)规定,公文种类主要有:决议、决定、命令(令)、公报、公告、通告、意见、通知、通报、报告、请示、批复、议案、函、纪要等十五种。

(2)行政事务应用文。主要有计划、总结、调查报告等。

(3)土木工程实践应用文。主要有可行性研究报告、招投标文件、工程合同、建筑工程设计说明书、施工日志、监理日志、工程现场签证、工程竣工报告、工程竣工结算报告等。

(4)常用书信。主要有求职信、应聘信、介绍信、证明信等。

(5)社交礼仪应用文。主要有启事、声明、演讲稿、欢迎词、欢送词、答谢词等。

第三节 应用文写作的要求

应用文写作的要求有以下三点:

一、不断提高政治理论和思想、政策水平

应用文写作的领域十分广泛,涉及社会生活的各个方面,因此,应用文写作的思想性、理论性、政策性、实用性非常强。例如,行政公文、行政事务应用文等,都是党和国家的方针、政策的体现,它要求作者具有较高的思想理论修养和政策水平。

二、提高文化科学素养

应用文写作涉及的领域既然十分广泛,这就要求作者也必须具有广博的社会生活知识和科学知识。从事应用文写作的人,只有博览群书,广泛涉猎,扩大知识视野,丰富知识积累,写作时才能做到厚积薄发、博观约取。

三、丰富语言储备,提高语言表达能力

应用文写作是一项语言实践活动。语言是文章的第一要素,直接关系到文章的成败,所以语言修养和语言能力的培养,对于作者具有特别重要的意义。

1. 应用文有哪些特点?
2. 应用文的作用有哪些?
3. 应用文写作的要求有哪些?

第二章　党政机关公文

第一节　党政机关公文概述

一、党政机关公文的概述和特点

（一）党政机关公文的概念

《党政机关公文处理工作条例》（中办发〔2012〕14号）中指出：党政机关公文是党政机关实施领导、履行职能、处理公务的具有特定效力和规范体式的文书，是传达贯彻党和国家方针政策，公布法规和规章，指导、布置和商洽工作，请示和答复问题，报告、通报和交流情况等的重要工具。这一概念，揭示了行政公文区别于其他文体的两个特点的属性，即具有"特定效力"和"规范体式"。

（二）党政机关公文的特点

1. 公务性

党政机关公文是直接用于处理公务活动的文书，与其他文章相比，公务性是它的基本特点。源于公务，用于公务，一旦某项公务活动完毕，公文就失去了效用。

2. 工具性

党政机关公文具有双重工具性。一方面，党政机关公文是表达管理者思想意志的工具，负责将行政管理者的思想意志，以特定的书面语言形式表达出来、传递出去；另一方面，党政机关公文又是实施管理的工具，公文所承载的内容，就是管理者的施政、管理意向，在公文的执行过程中，施政管理意向变成行为，党政机关公文就是执行的依据和准则。

3. 法定性

党政机关公文从撰写、制发，到阅读、办理都具有法定性的特点。

党政机关公文是由法定组织制发，其法定作者是依据有关法律和章程而成立，并能行使职权和承担义务的国家党政机关与其他社会组织，党政机关公文必须以这些机关的名义或其法定代表人的名义制发，一般人或非正式组织无权制发党政机关公文。党政机关公文一经发布，就有法定的现实执行效用，对受文者及其他有关方面的行为将产生法律所规定的不同程度的强制性影响。党政机关公文的阅读者除需要周知的公文外，必须是法定的读者，其阅读范围是有明确规定的。

4. 时限性

党政机关公文公务性的基本特点，决定了它主要是针对公务活动中某种具体情况，为解决具体实际问题而制发的。党政管理者发现党务政务中的情况和问题，迅速作出决策，并以党政机关公文形式下发或上达，以保证或利于各种施政行为的正常运作。所以在党政机关公文规范格式中设有"紧急程度"、"成文日期"、"印发日期"等项目，有的党政机关公文还要有限定制发、传递、执行的时间要求。

5. 规范性

为了方便党政机关公文的写作及处理,2012年发布的《党政机关公文格式》(GB/T 9704—2012),对党政机关公文的文体、结构、格式进行了统一规范。这就要求党政机关公文撰写者,必须严格地按"章"行事,在体例上不能对党政机关公文随意地增删或更改。

二、党政机关公文的功能和种类

(一)党政机关公文的功能

1. 传达功能

党政机关公文在传达党和国家的方针、政策和各项指示功能方面,是加强集中领导,实行有效管理,维护政令统一,保证工作步伐整齐一致的有效形式。

2. 沟通功能

党政机关公文也是下级机关请示、报告工作,反映情况,沟通自下而上纵向联系的基本手段。使用行政公文,使下情上传,让领导机关及时掌握制定决策的依据,用于实际问题的及时处理。党政机关公文又是机关之间横向联系的纽带,通过它,机关之间互通信息、商洽事务、相互协调与配合。

3. 发布功能

党政机关公文还用于发布行政规范与规章,在国家行政管理与维护社会秩序方面,发挥着规范作用。它使国家党政各项管理活动有法可依、有规可循,从而逐步实现法制化、规范化。

4. 教育功能

由于党政机关公文有较强的政策性和理论性,在各项事业中发挥着阐明事理、启发觉悟、提高认识等宣传教育作用,是教育的重要形式。

5. 记录功能

党政机关公文印证了制发公文者的合法身份,记录了各项党政管理活动的性质、状态,具有重要的凭据作用,是公务活动的真实记录,受文机关可据此处理工作。有些公文在完成现实使命后,转化为珍贵的历史档案资料,可供后人查考、研究使用。

(二)党政机关公文的种类

《党政机关公文处理工作条例》(中办发〔2012〕14号)规定党政机关公文种类有:决议、决定、命令(令)、公报、公告、通告、意见、通知、通报、报告、请示、批复、议案、函、纪要等。

按照不同的标准,党政机关公文可划分为不同的种类,为了学习党政机关公文的写作,从不同角度去认识党政机关公文的种类是很有必要的。

1. 根据公文的内容涉及国家秘密的程度划分的种类

(1)公布性公文。指内容不涉及国家秘密,可以直接公开发布的公文,如公告、通告等。

(2)内部使用公文。指内容不涉及国家秘密,但不宜对社会公开而只在党政机关内部阅读与使用的公文,如通报等。

(3)机密性公文。指内容涉及国家机密的公文,需要在一定时期内限定阅读范围,以保障机密的安全。机密性公文通常由指定的专人负责处理、递送和保管。根据内容涉及国家机密的程度又可分为秘密公文、机密公文和绝密公文。

2.根据公文行文方向划分的种类

(1)上行文。指的是具有隶属关系的下级机关向上级机关报送的公文,如请示、报告等。

(2)平行文。指同一组织系统的同级机关或不相隶属机关之间来往的公文,如函等。

(3)下行文。指领导机关对下级所属机关发送的公文,如命令(令)、决定、公告、通告、通知、通报、批复等。

3.根据公文性质、作用划分的种类

(1)指导性公文。指由领导机关制发的用于颁布方针、政策、法规,指导、布置工作,阐明工作指导原则的公文,如命令(令)、决定等。

(2)公布性公文。指直接向国内外公开发布的公文,如公告、通知等。

(3)陈述性公文。指用于汇报工作、陈述情况、提出建议、请求指示或批准公文,如议案、请示、报告、意见等。

(4)商洽性公文。指无传递方向限制,用于探讨协商一般事项的公文,如函等。

(5)记录性公文。指用于将会议的基本情况、主要精神和议定事项择要整理的公文,如会议纪要等。

三、党政机关公文的格式

2012年发布的《党政机关公文格式》(GB/T 9704—2012)将版心内的公文格式各要素划分为版头、主体、版记三部分。公文首页红色分隔线以上的部分称为版头;公文首页红色分隔线(不含)以下、公文末页首条分隔线(不含)以上的部分称为主体;公文末页首条分隔线以下、末条分隔线以上的部分称为版记。

注意:页码位于版心外。

(一)版头

(1)份号。这是标记发文的份数。如需标注份号,一般用6位3号阿拉伯数字,顶格编排在版心左上角第一行。

(2)密级和保密期限。简称密级,秘密等级分"绝密"、"机密"、"秘密"三个等级。如需标注密级和保密期限,一般用3号黑体字,顶格编排在版心左上角第二行;保密期限中的数字用阿拉伯数字标注。

(3)紧急程度。这是对公文送达和办理速度要求的标志,发出文件的时间距离要求处理完毕的时间越近,紧急程度越高,分"特急"和"急件"两种。如需标注紧急程度,一般用3号黑体字,顶格编排在版心左上角;如需同时标注份号、密级和保密期限、紧急程度,按照份号、密级和保密期限、紧急程度的顺序自上而下分行排列。

(4)发文机关标志。这是强调公文责任归属和权威性的标记,由发文机关全称或者规范化简称加"文件"二字组成,也可以使用发文机关全称或者规范化简称。发文机关标志居中排布,上边缘至版心上边缘为35mm,推荐使用小标宋体字,颜色为红色,以醒目、美观、庄重为原则。联合行文时,如需同时标注联署发文机关名称,一般应当将主办机关名称排列在前;如有"文件"二字,应当置于发文机关名称右侧,以联署发文机关名称为准上下居中排布。

(5)发文字号。也称发文号或文号。这是发文机关对其制发的公文依次排列的顺序代号。编排在发文机关标志下空两行位置,居中排布。年份、发文顺序号用阿拉伯数字标注;年份应标全称,用六角括号"〔〕"括入;发文顺序号不加"第"字,不编虚位(即1不编为01),在阿拉伯数字后加"号"字。上行文的发文字号居左空一字编排,与最后一个签发人姓名处在同一行。

（6）签发人。这是代表机关核准签发公文的领导人的姓名，表明公文生效并对该文件郑重负责，这样可以督促各级领导人认真严肃地履行职责，强化公文质量。由"签发人"三字加全角冒号和签发人姓名组成，居右空一字，编排在发文机关标志下空两行位置。"签发人"三字用3号仿宋体字，签发人姓名用3号楷体字。如有多个签发人，签发人姓名按照发文机关的排列顺序从左到右、自上而下依次均匀编排，一般每行排两个姓名，回行时与上一行第一个签发人姓名对齐。

（7）版头中的分隔线。发文字号之下4mm处居中印一条与版心等宽的红色分隔线。

（二）主体

主体部分由标题、主送机关、正文、附件说明、发文机关署名、成文日期和印章、附注、附件等要素组成。

（1）标题。即公文的题目。党政机关公文的标题应当准确、简要地概括公文的主要内容，并标明公文种类，一般应标明发文机关，所以标题的完整形式由发文机关、事由和文种三部分组成，例如《中华人民共和国财政部税务总局关于办理税务登记的通知》，其中发文机关是"中华人民共和国财政部税务总局"，事由是"关于办理税务登记"，文种是"通知"。发文机关名称要写全称或规范化简称，事由多以"关于××××××"这一介词结构形式出现，文种写在最后，在事由和文种之间加结构助词"的"字。又如《财政部、国家计委、国家经贸委、国家科委关于印发科技三项费用管理办法（试行）的通知》，这是四个单位联合发文的标题。

公文标题一般写完整的形式，但有的标题也可省略发文机关，例如《关于××××年度全省行政执法检查情况报告》；或省略事由，例如《××省人民代表大会常委会公告》；也有两者均省略，只保留文种的，如公开发布的通告，往往只写"通告"文种名称，简单的通知，也只写"通知"文种名称。

注意：标题中除书名号外，一般不用标点符号。

（2）主送机关。这是指公文的主要受理机关，也就是负责办理执行或答复的受文机关，应使用全称或者规范化简称、统称，例如《国务院办公厅关于进一步做好公文处理工作有关事项的通知》（国办发〔2001〕5号）一文的主送机关是"国务院各部委、各直属机构"，它概括地表明公文效力所及的空间范围和机构、人员范围。

（3）正文。这是传达发文机关的意图的部分，是公文中最主要的组成部分，一般由开头、主体和结尾三部分组成。

①开头部分。用简洁的语言写明发文目的、起因、根据等。要求目的明确、起因确定、根据扎实。

②主体部分。要在"一文一事"的写作原则下，详细阐述公文的基本思想，突出重点。写法上多用条款式，先概括要点，再分条列项，层次分明，逻辑性强。

③结尾部分。根据公文内容和行文关系，对受文机关提出具体的要求或希望。

注意：公文首页必须显示正文。

（4）附件说明。如有附件，在正文下空一行左空二字编排"附件"二字，后标全角冒号和附件名称。如有多个附件，使用阿拉伯数字标注附件顺序号（如"附件：1.××××××"）；附件名称后不加标点符号。附件名称较长需回行时，应当与上一行附件名称的首字对齐。

（5）发文机关署名。发文机关需要签署规范名称。

(6)成文日期。这是指公文形成的具体时间,具有表明公文生效期的作用。成文日期用阿拉伯数字将年、月、日标全,年份应标全称,月、日不编虚位(即1不编为01)。

(7)印章。这是发文机关的职权范围、权力象征的印信在公文上的印记,也是证实公文的发文机关的合法性、真实性及公文效力的标志。

(8)附注。这是需要说明其他事项的标记,如需要加以解释的名词术语,公文的阅读、传达范围、使用方法等。

(三)版记

版记部分由抄送机关、印发机关和印发日期等要素组成。

(1)抄送机关。这是指除主送机关外需要执行或知晓公文的其他收文机关,应当使用全称或规范化简称、统称,其作用是与有关机关沟通情况,以便取得了解、理解、支持和配合。

(2)印发机关和印发日期。这是对公文印发情况的说明,其作用是强化有关部门或工作人员的责任感。

注意:版记中各要素之下均加一条黑线隔开,以示区别。

公文用纸一般采用国际标准 A4 型(210mm×297mm),左侧装订。张贴的公文用纸大小,根据实际需要确定。文字从左至右横写横排。在民族自治地方,可以并用汉字和通用的少数民族文字(按其习惯书写、排版)。

四、党政机关公文的办理程序

党政机关公文办理是根据法定的职责权利,收发来自各有关方面的公文。党政机关公文的办理分为收文和发文。

(一)收文办理的主要程序和内容

收文办理一般包括签收、登记、审核、拟办、批办、承办、催办等程序,其主要程序和内容有以下方面:

(1)拟办。由部门负责人或具体工作人员经过对公文认真的阅读分析,提出建设性的处置意见,供有关领导人审核定夺。

(2)批办。机关领导人或部门负责人对公文(包括拟办意见)认真阅读分析后,提出处置意见。

(3)承办。指有关工作人员按批办意见具体承接、处理公文所针对的事项和问题。

(4)催办。指公文处理管理机构根据承办的时限和其他有关要求对公文承办过程实施的催促检查,以防止拖拉迟缓,误时误事。

(5)对有些重要公文还要查办。这是由公文处理管理机构或其他专门组织对重要公文实际执行情况所进行的检查协办工作,督促并协助承办单位全面、具体地落实公文精神,解决有关问题。

(二)发文办理的主要程序和内容

发文办理一般包括草拟、审核、签发、复核、缮印、用印、登记、分发等程序,其主要程序和内容有以下方面:

1.草拟

公文起草人要明确发文的主旨和目的,确认使用的文种,明确公文的中心内容和发文范围。

2. 审核

审核稿件一般由部门负责人、综合办公机构的文秘人员进行,重要文稿审核应由机关领导人亲自参加。重点审核:是否需要行文;文种是否正确;公文内容是否合法,是否真实确切;公文格式是否规范、正确,结构是否齐全、完整;语言表达是否简明、得体,合乎语法、逻辑;是否经会议讨论通过;是否需要上报并已获批准。

3. 签发

签发人在签发之前,对文稿进行全面审核,确认无误后再进行签发,表明签发人所代表的机关或其他社会组织对公文承担法律责任。文稿经签发成定稿后,其他人未经同意,不得作任何修改,否则将负行政或法律责任。

第二节　公　告、通　告

一、公告的概念和特点

公告,适用于向国内外宣布重要事项或者法定事项,是一种公开宣布的告晓性的下行文,具有高度的严肃性和权威性。

公告的特点:一是告知的范围广,有的向全国公开,有的向全世界宣布;二是公告宣布的是庄重的、严肃的事项。

二、公告的写作方法和要求

(一)公告的写作方法

1. 标题

公告标题的写作方法有:一种是完整式标题,由发文机关、事由和文种组成,例如《中共中央、全国人大常委会、国务院关于宋庆龄名誉主席病情的公告》。第二种是省略"发文机关",例如《关于发行二〇〇×年国库券的公告》;有的是省略"事由",例如《中华人民共和国住房和城乡建设部公告》(见例文2-1);也有的省略"发文机关"和"事由",只用文种"公告"两字。

2. 主送机关

公告是公开发布的,一般不必写主送机关。

3. 正文

正文一般包括依据、事项、结语三个部分。

(1)公告的依据。写明发布公告事项的依据或缘由。

(2)公告的事项。写明发布公告事项的内容。

(3)公告的结语。常用"特此公告"、"现予公告"作结语。

公告的正文写作内容比较单一、简短。有的前面不写"依据"或"缘由",后面不加"结语",事项表述完毕,全文即告结束。例如《××省人大常委会关于开展〈××省扶贫开发条例〉执法检查的公告》(见例文2-2)。

4. 最后标明发文机关和成文日期

(二)公告的写作要求

1. 内容要求是庄重、严肃的重大事项

公告是用以向国内外宣布重大事项的严肃文件,不能随意滥用。从内容上看,公告有两类:一类是关于人的公告,如重要领导人任职、病情的公告;另一类是关于事的公告,像政治公告、经济公告等,如公布宪法实施的《中华人民共和国全国人民代表大会公告》属于政治性的公告。另外,司法或税务机关、海关也用公告发布法定事项。所以,只有公布重要事项和法定事项时才可使用公告,若一般性事项随意滥用公告,则破坏了公告文种的严肃性和权威性。

2. 语言要求简明概括,直陈其事

由于公告多是立即下达或紧急发布的重要事项,要求写得简明扼要、高度概括、直陈其事。所用语言也要精练、准确、庄重、质朴。

三、通告的概念和特点

通告,适用于公布社会各有关方面应当遵守或者周知的事项,也是一种公开发布的下行文。

通告的特点:一是告晓性,常公开张贴,或登于报刊,让有关单位、公众了解;二是法规性,公布的事项,其内容多是应当遵守的,往往带有禁令的性质,有些通告具有强制执行的效用,在某种情况下具有法律效力;三是专业性,通告公布的内容有的是由公安、金融、交通、房产等部门,就某个问题发出的,一般由各专业主管部门在一定业务范围内公布。

四、通告的写作方法和要求

(一)通告的写作方法

1. 标题

通告的标题采用完整式标题,例如《××自治区关于依法严厉打击暴力恐怖活动的通告》(见例文2-3),由发文机关、事由和文种组成。也可以用省略式的标题,例如《××市中级人民法院通告》,就省略了对某些案件处理的"事由";如果是公开张贴的通告,标题可以只写"通告"二字(见例文2-4)。

2. 主送机关

像公告一样,通告一般也不写主送机关。

3. 正文

通告的正文由缘由、告知事项和结语组成。

(1)缘由。简明扼要地写明发布通告的目的、意思或根据,之后,用"现通告如下"、"特通告如下"等习惯用语过渡到事项部分。

(2)告知事项。这是通告的主要部分,具体写明应当遵守或周知的事项,内容较多的一般分条款来写。

(3)结语。主要写明执行通告事项的要求或发出号召。有的通告没有专门的结语,用"特此通告"结束全文。

4. 最后标明发文机关和成文日期。

(二)通告的写作要求

1. 内容单一、简明

通告是向一定范围的大众公布有关事项的周知性公文,与公文一样,要求写得内容单

一、简明扼要。

  2. 语言通俗、易懂

 与公告相比,通告还要求语言表述通俗,使大家易于理解。

  3. 少量使用专业性术语

 由于通告内容往往具有专业的性质,文中允许少量使用专业术语,但应尽量通俗,便于大家理解。

  4. 告知事项具有严肃性

 通告同样具有严肃性,不可随意滥用。有些冠以"通告"的标题,按其内容使用"启事"即可,这是对"通告"文体的错用、滥用。

五、公告与通告的异同

 公告与通告都属于告知性的下行公文,二者写法上都要求简明扼要,但也有一些不同之处。

 (1)从发布的机关看,公告主要是由国家权力机关、国家授权涉外部门、新闻机构(如新华社授权公告)发布的;通告是各级领导机关及其所属业务部门都可发布。

 (2)从周知的对象看,公告的对象很广,不仅向国内宣布,有的还向国外宣布;通知的对象限在一定范围内的机关、团体和群众。

 (3)从公告的内容看,公告告知的是重要事项或法定事项,且带有消息的性质;通告告知的有重要方面的内容,要求遵守、执行,具有法规性,也有告知具体业务方面的内容,具有专业性。

 (4)从语言的表达看,公告更具书面化,以显示其严肃性和权威性;通告较通俗,便于大家领会、理解。

【例文2-1】

中华人民共和国住房和城乡建设部公告

(2009年4月20日)

 根据《国务院对确需保留的行政审批项目设定行政许可的决定》(国务院令第412号)和《关于建设部机关直接实施的行政许可事项有关规定和内容的公告》(建设部公告第278号),经审核,现批准××市规划设计院晋升为甲级规划编制单位,××市城市规划设计研究院有限公司(改企)转为甲级规划编制单位。

【例文2-2】

××省人大常委会关于开展《××省扶贫开发条例》执法检查的公告

2014 第9号

 为进一步深入学习贯彻习近平总书记系列重要讲话和对××省扶贫开发工作的重要指示精神,积极落实省委关于扶贫开发工作的部署,督促各级人民政府及有关部门认真履行法定职责,以改革创新精神完善扶贫开发体制机制,不断增强内生动力,有效减少贫困人口,确保如期实现"两不愁、三保障"扶贫开发目标,以改革发展成果更好惠及人民群众,努力实现与全国同步建成小康社会,省人大常委会定于6月中旬至7月中旬,在全省开展《××省扶贫开发条例》执法检查。

为增强检查实效,全面了解实施该条例的基本情况和存在问题,保障公众的知情权、参与权和监督权,根据《中华人民共和国各级人民代表大会常务委员会监督法》的有关规定,现予公告。欢迎社会各界和广大人民群众来信、来电或登录××省人大常委会网站"《××省扶贫开发条例》执法检查"栏目提出意见和建议。我们将及时归纳、整理后上报执法检查组。

××省人大常委会办公厅
2014年×月×日

【例文2-3】

关于继续做好公路养路费等交通规费征收工作的通告

根据交通部通知,在国家交通和车辆税费改革方案正式公布实施之前,各地务必严格按照《国务院办公厅转发交通部等部门关于继续做好公路养路费等交通规费征收工作意见的通知》(国办发〔20××〕2号)精神,继续做好公路养路费等交通规费征收工作。特通知如下:

一、各级交通主管部门要清醒地认识到交通规费征收工作对交通基础建设的重要性、必要性及至于对××经济建设产生的重大影响,切实加强对公路养路费等交通规费征收工作的领导,用心主动与当地财政、公安等部门取得联系,密切协作,及时解决征收工作中出现的问题,维护正常的征费秩序,为交通基础设施建设筹集更多的资金。

二、各缴费义务人要严格按国家和省现行征缴政策、办法和标准,自觉到当地征稽机构缴纳各项交通规费。对目前社会上仍然存在偷、逃、漏、欠规费的行为,各级交通规费征稽机构和人员将继续进行稽查、追缴并依法收取滞纳金和罚款,对故意妨碍征缴人员执行公务的,要依法严肃查处,情节严重的,移交司法机关追究刑事职责。

三、各级交通规费征稽机构要认真学习、领会和坚决贯彻执行全国人大、国务院以及交通部、财政部等国家有关部委法规、文件,以及《××省人民政府关于加强公路养路费等交通规费征收工作的通告》,加强领导、加强宣传、稳定思想、稳定队伍,充分认识税费改革的重大好处,以国家利益为重,顾全大局,坚守岗位,恪尽职守,照章收费,只要交通和车辆税费改革方案还没有正式开始实施,就要坚决做到公路养路费等交通规费征收稽查工作有条不紊进行。

××省交通厅
20××年×月×

【例文2-4】

通　告

××路××桥因维修施工,自2015年5月10日至5月30日禁止车辆通行,来往车辆一律改道××东路行驶。

特此通告

×××市公安局
×××市市政管理局
2015年×月×日

第三节 通　知

一、通知的概念、特点和种类

(一)通知的概念

通知,适用于批转下级机关的公文,转发上级机关和不相隶属机关的公文,传达要求下级机关办理和需要有关单位周知或者执行的事项,任免人员。因其既具有传达领导意图、布置工作的作用,又有知照具体事项、联系工作的作用,所以既是下行文,又是平行文。

(二)通知的特点

1. 使用范围广

通知是机关、单位常用的具有多功能的公文文种,适用范围广泛,不受机关性质与级别的限制,不受内容繁简的制约,布置工作、传达指示、知照事项等都可使用。另外,几个同级机关可发"联合通知",事情紧急可发"紧急通知",需要补充内容,可发"补充通知"。

2. 使用频率高

通知一般用于布置工作或知照事项,写作上方便灵活,是机关发文中使用频率最高的一种公文。

3. 具有执行性

通知多用于下行文,受文对象是确指的,要求下级机关、单位办理或执行。

(三)通知的种类

从内容上分,通知可分为以下几种:

1. 批转性通知

主要用于上级机关对下级机关上报的文件批转给有关单位,例如《国务院关于批转国家税务总局关于加强个体私营经济税收征管强化查账征收工作意见的通知》(见例文2-5)。批转性通知反映了批转机关的意志与权威。这种通知有两种写法:一种是对所批转的公文表明"批准"或"同意"的态度,或者作出评价与简要指示,要求受文单位贯彻(或遵照、参照)执行;另一种是在表明态度之后,还要针对所批转公文的内容,作进一步的阐明与论证,指明意义,提出执行要求与注意事项。

2. 转发性通知

主要用于转发上级机关或不相隶属机关的公文。转发上级机关公文,目的是贯彻上级机关文件精神,所以其内容要写明转发文件的名称以及转发机关就如何贯彻执行转发文件问题,联系本地区、本部门实际,向下级机关提出指示性意见。例如《××省住房和城乡建设厅关于转发〈住房和城乡建设部办公厅关于组织开展全国工程质量治理两年行动监督执法检查〉的通知》(见例文2-6)。转发不相隶属机关公文的通知,多用于转发上级非主管部门的文件。这种通知的撰写,可简要写明转发的公文名称与执行要求,也可以结合实际,对受文单位提出如何贯彻执行的指示性意见。

3. 发布性通知

主要用于发布行政法规、规章等文件,要求有关单位在规定范围内遵照执行,也称颁发性通知、印发性通知。例如《关于发布××省工程建设地方标准〈××省居住建筑节能设计标准〉的通知》(见例文2-7)。这种通知写法比较简单,先写明所发布(或颁发、印发)文件的名称,标明发文机关对这一文件的态度,然后提出执行要求,有的还要说明发布这一文件的意义。

4. 指示性通知

主要用于传达上级机关的决定或指示,布置需要执行与办理的具体事项,上级主管业务部门向下级业务部门对口指导业务工作。例如《关于对全省廉租住房工程加强质量和安全监管的通知》(见例文2-8)。撰写时,要明确阐述制发通知的政策依据、法规依据、发文目的,并要具体交代工作任务与执行要求。

5. 知照性通知

主要用于知照有关单位需要周知或办理的事项。例如《××省建设厅关于成立国家信息化工作领导小组的通知》,此通知告知受文单位国务院成立信息化工作领导小组的目的、决定,并具体告知领导小组的主要职责,领导小组的组成、工作机构的设置等有关事项。《关于进一步加快全省在建城镇污水处理设施建设进度的通知》(见例文2-9)也属此类通知。

6. 会议通知

主要用于上级机关或有关部门通知会议的召开,以保证预定的会议能够有准备地如期进行。会议通知要写明会议名称,召开的根据与目的,会议的时间、地点,与会人员(见例文2-10)。大型会议通知,还应附上会议日程安排以及写明有关注意事项等,例如《关于召开全省高校校(院)长办公室工作会议的通知》(见例文2-11)。会议通知内容要准确、具体,无一错漏。

7. 任免通知

主要用于向干部、群众传达任免事项,以履行规定的任免程序。这种通知要写明任免干部的机关或会议名称、日期,被任免人员的姓名与职务。标题通常只简写《任免通知》,落款处由任免机关的领导人签署,也有以机关名义发出的,例如《关于王××等同志职务任免的通知》(见例文2-12)。

二、通知的写作方法和要求

(一)通知的写作方法

1. 标题

(1)由发文机关、事由和文种组成,例如《国家经贸委关于立即停止使用一次性发泡塑料餐具的紧急通知》。批转性、转发性或发布性通知,在标题中引出批转、转发文件的名称,例如《国务院批转国家经贸委等部门关于进一步开展资源综合利用意见的通知》。

(2)由事由和文种组成。例如××部门所发的《关于召开有关高等学校秘书学教学经验交流会议通知》。

(3)一些内容单一的通知,只以"通知"二字为标题,或只写"会议通知"、"任免通知"

等。这种通知常不以正式公文发出,且只在小范围内使用。

2. 主送机关

可以是发文机关的下属所有单位,也可以是下属某一个、几个单位或有关的不相隶属机关。

3. 正文

通常由缘由、事项和结语三部分组成。

(1)缘由。写明通知制发的根据、目的。一般分两种:一种是根据上级指示精神,如"国务院决定"、"经国务院批准"或"为了贯彻执行××××(指文件或会议)精神";另一种是根据实际情况,如"据反映"、"近来一些地区、部门和单位普遍存在着……(指实际情况)"。缘由写完之后,多用过渡语言"为此通知如下"、"特作如下通知"、"现将有关问题通知如下"等引出下文,例如《国务院办公厅关于成立国家信息化工作领导小组的通知》的缘由部分是"为了加强对全国信息化工作领导,国务院决定成立国家信息化工作领导小组。现将有关事项通知如下"。

(2)事项。这是通知的主要内容,为正文的主体。内容较多的应分项来写。事项内容的表述要具体、周密,语言要清楚、简练,如例文 2-13《国务院关于更改新华社通讯社香港分社、澳门分社名称问题的通知》,就改名后的中央人民政府驻相关特别行政区联络办公室和驻澳门特别行政区联络办公室的职务分为五项,一一说明。

(3)结语。应根据具体情况使用不同的语气,有的用"特此通告"作结语;有的含有强调,敦促、号召等语气;有的则提出要求如"以上通知""望贯彻执行";有的从反面作出规定,如"有违反以上规定的,除按违反财经纪律论处外,还要根据情节轻重,给有关领导人和直接负责人以纪律处分";有的通知没有专门的结束语,事项表达完毕,全文即告结束。结束简洁有力,不要拖泥带水。

4. 最后标明发文机关和成文日期

(二)通知的写作要求

1. 内容要单一集中

每份通知只明确一件事,布置一项工作,不宜在一份通知中表述多项事情。

2. 重点要鲜明突出

通知最主要的任务是事项交代清楚,并要提出重点,使受文者能够正确理解,从而认真办理或处理通知事项。

3. 措施要具体明确

通知的目的是有效地指导开展工作,所提措施要具体、明确,便于受文者正确领会并贯彻执行。

【例文 2-5】

国务院关于批转国家税务总局关于
加强个体私营经济税收征管强化查账征收工作意见的通知

各省、自治区、直辖市人民政府,国务院各部委、各直属机构:

国务院同意国家税务总局《关于加强个体私营经济税收征管强化查账征收工作的意见》,现转发给你们,请遵照执行。

加强个体、私营经济税收征管,强化查账征收工作是规范个体、私营经济管理,促进个体、私营经济健康发展的重要措施。各级人民政府要高度重视,切实加强领导,协调税务、工商行政管理、公安和金融等有关部门,积极稳妥地做好这一工作,并帮助税务部门解决工作中出现的困难和问题。国家税务总局要结合深化税收征管改革,切实做好对这项工作的组织指导和监督检查。各有关部门要相互支持、密切配合,确保这项工作的顺利进行。

本通知的具体实施意见,由国家税务总局会同有关部门制定。本通知的贯彻执行情况,各省、自治区、直辖市和计划单列市人民政府应于七月底前报告国务院,同时抄送国家税务总局。

附件:关于加强个体私营经济税收征管理化查账征收工作的意见(略)

国务院
××年×月×日

【例文 2-6】

××省住房和城乡建设厅关于转发《住房和城乡建设部办公厅关于组织开展全国工程质量治理两年行动监督执法检查的通知》

各市(州)住房和城乡建设局:

现将《住房和城乡建设部办公厅关于组织开展全国工程质量治理两年行动监督执法检查的通知》(建办质函〔2015〕256号)转发给你们,请各地及相关单位结合《××省工程质量治理两年行动实施方案》开展检查,各企业要对所有在建项目进行全面自查并建立台账,将自查情况报项目所在地县住房和城市建设行政主管部门,县级住房和城乡建设行政主管部门要对本辖区项目进行全覆盖检查,市(州)级住房和城乡建设行政主管部门要对所辖范围主管部门抽查,并将检查情况,按照工程质量治理两年行动信息报送要求上报省厅,省厅将进行督查。

同时,按《××省住房和城乡建设厅关于对我省房屋建筑和市政工程项目施工安全监督手续实行网上办理的通知》(×建建通〔2014〕565号)文件要求,加快项目录入工作,强化监管。

附件:《住房和城乡建设部办公厅关于组织开展全国工程质量治理两年行动监督执法检查的通知》(建办质函〔2015〕256号)

××省住房和城乡建设厅
2015年×月×日

【例文 2-7】

关于发布××省工程建设地方标准《××省居住建筑节能设计标准》的通知

各市(州、地)建设局,各设计、施工、监理、质量监督单位,各有关单位:

根据省建设厅"关于下达修订《××省居住建筑节能设计标准》的通知"(×建科标通〔2007〕477号)要求,由××省建筑设计研究院主编的《××省居住建筑节能标准》编制组,参照国家现行有关标准和参考周围省的相关标准,并结合在实施中发现的问题,对《××省居住建筑节能设计标准》(DB 22/49—2005)内容进行多次修改补充,完成了该标准的修订编制,经我省专家审查通过。现予发布,编号为DBJ 52-49—2008,自颁布之日起施行。原《××省居住建筑节能设计标准》(DB 22/49—2005)同时废止。

该标准由我厅负责归口管理和出版发行工作,由××省建筑设计研究院负责具体内容解释工作。请各单位在该标准实施过程中,将修改意见和建议反馈至省建设厅标准处。

××省住房和城乡建设厅
201×年×月×日

【例文2-8】

关于对全省廉租住房工程加强质量和安全监管的通知

各市(州、地)住房和城乡建设局、各相关单位:

我省的全国人大代表在对我省部分地区的廉租住房建设情况调研过程中,发现廉租住房工程存在质量较差的问题。根据×××副省长和厅领导的批示精神,全省各住房和城乡建设主管部门应加强对廉租住房工程质量安全监管力度,确保工程质量安全。为此,我厅要求:

一、立即组织开展廉租住房工程质量安全检查

(一)检查内容:对于在建工程,主要查基本建设程序、市场行为和工程实体。基本建设程序方面主要查工程项目法人责任制、招标投标制、合同管理制、工程监理制、见证取样制落实情况,以及施工图审查、施工许可、质量监管、安全监管、竣工验收备案情况等;市场行为方面主要查工程建设各责任方单位资质和从业人员资格是否符合要求,各责任主体履职是否到位等;工程实体检查主要是《民用建筑节能条例》、住宅建筑强制性标准执行情况,重点对地基基础、主体结构、抗震设防、建筑节能等进行检查。对于已建成的廉租住房,收到投诉的,要认真予以核查;发现住房存在质量隐患等问题的,要认真核查基本建设程序是否完备、竣工验收和备案资料等是否齐全,存在问题的,要把主体责任追查到底,处理好问题并依法查处。

(二)检查方式:各地、各单位应立即组织开展自查,在各地自查的基础上我厅将于今年第二季度开展全省督查(具体事项另行通知)。

二、工作要求

(一)我省的全国人大代表所调研的××市、××市和××州,要认真对本行政区域内发现问题的县市(××、××、××等)组织廉租住房工程质量、安全专项督查,并将督查处理情况于5月10日报告我厅,我厅将另行组织督查组对这部分县(区)的廉租住房建设情况予以复查。

(二)各地、各单位要高度重视,加强领导,切实开展本地区廉租住房工程质量、安全工作自查。对查出的质量、安全问题和隐患,要限期整改,确保整改到位;对检查中发现的违法违规行为,要依法进行处罚。

(三)各地要以本次检查为契机,加强对保障性住房工程质量和安全监管,认真查找存在的问题并提出相应的整治措施。各地要将本次自查总体情况、工程质量、安全状况、存在的问题以及采取的具体措施,落实整改责任人及整改时限等形成报告。

(四)我厅将对全省各地开展检查情况进行督查并通报,对工作不力的住房城乡建设主

管部门将予以通报批评,对履行质量和安全职责不到位,导致保障性住房工程存在质量和安全隐患的各责任主体将作严肃处理。

联系电话:××××-×××××××

××省住房和城乡建设厅
201×年×月×日

【例文2-9】

国务院关于进一步加快全省在建城镇污水处理设施建设进度的通知

各市(州、地)建设局、城管局:

根据省政府2010年1月16日召开的全省城镇污水建设情况汇报会的有关精神,为进一步加快全省城镇污水处理设施建设进度,确保全省城镇污水处理设施建设工作目标的完成,现将有关要求通知如下:

一、各单位应进一步切实加强领导,落实责任。对目前尚未建设污水处理设施的市县,各建设行政主管部门的主要领导要亲自抓,加强污水处理工程建设的指导、协调、督查、落实工作;分管领导要驻点抓,每日进行现场检查;将污水处理工程建设目标层层分解,倒排工期,责任到人,确保建设进度、施工安全和工程质量,对于没有按时完成任务的,要严肃追究责任。

二、2009年底未建成的××市(金山)、××、××、××、××和××县污水处理设施必须在2010年3月底前建成并进入试运行;在建的××市朱家河二期、××市、××、××、××、××特区污水处理设施必须在2010年4月底建成通水,2010年6月底进入试运行。

三、进一步采取强有力措施确保各阶段目标均如期完成。已经进入试水污水处理厂的市、县,要加快配套管网建设,提高运行负荷率,规范运营主体,尽快投入正式运营。

四、多渠道筹措建设资金。各地在积极申请国家资金的同时,也要提高城市配套资金对城市污水处理设施建设投入的比例。各地征收的污水处理费要严格确保该项费用全部用于城市污水处理厂建设、运行和维护,任何单位不得挤占挪用。同时积极稳妥地推进污水处理设施运营管理市场化,以解决建设资金不足等问题。

五、认真、及时上报污水处理信息。目前,建设部"全国城镇污水处理信息系统"已建立运行两年,部分市、县没有按时上报污水处理项目信息。各地建设局、城管局要按照建设部《全国城镇污水处理信息报告、核查和评估办法》(建城〔2007〕277号)要求,按时在网上填报在建项目及运行项目信息。

特此通知

××省住房和城乡建设厅
201×年×月×日

【例文2-10】

会议通知

各市(州、地)住房和城乡建设局、各有关单位:

根据住房和城乡建设部《关于开展建筑安全生产督查的通知》(建质安函〔2010〕30号)要求,住房和城乡建设部将于5月10日至13日对我省进行建筑安全督查,定于5月13日召开督查情况通报会议。现将有关事项通知如下：

一、时间、地点

5月13日上午08:00，××市（××饭店2楼多功能厅）。

二、参会人员

（一）各市（州、地）住房和城乡建设局分管安全工作的负责人、安全科（室）负责人（××市建管处负责人）、安全监督机构负责人。

（二）受检县（市、区）住房和城乡建设局分管安全负责人、安全管理部门负责人、安全监督机构负责人。

（三）受检项目建设单位现场代表，施工企业（分管安全负责人、项目经理、专职安全员）、监理企业（总监、项目总监、安全监理员）；每个地区安排准时参会，不得迟到、缺会。

（四）中建四局（×）、中铁五局（集团）有限公司、××建工集团总公司、中国水利水电第九工程局有限公司、七冶建设有限责任公司分管安全负责人和安全部门负责人。

（五）请各市（州、地）住建局分别通知3至5家本地的大型施工、监理企业（不含受检单位）分管负责人、安全机构负责人参加。

三、会议要求

请各地各单位准时参会，不得迟到、缺会。对无故缺会的，将进行全省通报。

××省住房和城乡建设厅
201×年×月×日

【例文2-11】

关于召开全省高校校（院）长办公室工作会议的通知

全省各高等院校：

为了进一步加强高校校（院）长办公室工作，促进全省各高校校（院）长办公室工作的协作与交流，决定召开全省高校校（院）长办公室工作会议。现将有关事项通知如下：

一、会议时间

201×年3月16日至20日，3月15日持本通知报到。

二、会议地点

××市××路××号××大学学术交流中心。

三、参加会议人员

本省各高校校（院）长办公室主任（或副主任），每校1至2人。

四、注意事项

1. 请填写所附《与会表》，加盖单位公章，于3月10日前邮寄会务组（设在××大学校长办公室），以便统计与会人数，安排食宿。

2. 请各校将拟提交的会议交流的经验介绍材料自行打印80份，在报到时交会务组。

3. 往返路费和住宿费自理，回单位报销；会议伙食标准每天××元，个人交××元。

4. 请参加会议人员将到达时间、航班、车次和返程时间、航班、车次提前电告会务组，以便接待和代为购票。

联系人：××大学校长办公室×××

电话：×××-×××××××
传真：×××-×××××××
邮政编码：××××××

××省教育厅
201×年×月×日

【例文2-12】

关于王××等同志职务任免的通知

各科室、各车间：

根据工作需要，经厂长办公会研究，并报上级备案，任命：

王××同志为财务科科长，免去其总务科长职务；

叶××同志为总务科长。

特此通知

××××××厂
201×年×月×日

【例文2-13】

国务院关于更改新华通讯社香港分社、澳门分社名称问题的通知

国函〔2000〕5号

香港、澳门特别行政区政府：

鉴于中央人民政府已经对香港、澳门恢复行使主权，为更好地贯彻"一国两制"、"港人治港"、"澳人治澳"、高度自治的方针和《中华人民共和国香港特别行政区基本法》、《中华人民共和国澳门特别行政区基本法》（以下均简称基本法），支持特别行政区政府依照基本法施政，保障中央人民政府驻香港、澳门的工作机构按照授权履行职责，1999年12月28日，国务院第24次常务会议决定：自2000年1月18日起，新华通讯社香港分社、新华通讯社澳门分社，分别更名为中央人民政府驻香港特别行政区联络办公室和中央人民政府驻澳门特别行政区联络办公室。其职责为：

一、联系外交部驻香港特别行政区特派员公署、外交部驻澳门特别行政区特派员公署和中国人民解放军驻香港部队、中国人民解放军驻澳门部队。

二、联系并协助内地有关部门管理在香港、澳门的中资机构。

三、促进香港、澳门与内地之间的经济、教育、科学、文化、体育等领域的交流与合作。联系香港、澳门社会各界人士，增进内地与香港、澳门之间的交往。反映香港、澳门居民对内地的意见。

四、处理有关涉台事务。

五、承办中央人民政府交办的其他事项。

中央人民政府驻香港、澳门特别行政区联络办公室及其人员，将严格遵守基本法和当地的法律，依法履行职责。特别行政区政府在处理与联络办公室职责有关的事务时，可与其联系。

新华通讯社香港分社和新华通讯社澳门分社更名后,中央人民政府驻香港特别行政区的机构有:中央人民政府驻香港特别行政区联络办公室,外交部驻香港特别行政区特派员公署,中国人民解放军驻香港部队;中央人民政府驻澳门特别行政区的机构有:中央人民政府驻澳门特别行政区联络办公室,外交部驻澳门特别行政区特派员公署,中国人民解放军驻澳门部队。请特别行政区政府为上述机构提供履行职责所必需的工作便利和豁免。原新华通讯社香港分社和新华通讯社澳门分社承担的新闻业务,将分别由新华通讯社提请特别行政区政府注册的新华通讯社香港特别行政区分社、新华通讯社澳门特别行政区分社承担,请特别行政区政府为其注册和开展工作提供便利。

特此通知。

国务院
二〇〇〇年一月十五日

第四节 通 报

一、通报的概念、特点和种类

(一)通报的概念

通报,适用于表彰先进,批评错误,传达重要精神或者情况,是一种有较强的教育作用和指导作用的周知性的下行文。

(二)通报的特点

1. 典型性

被通报的人物、事件具有典型意义,在本地区、本系统有代表性。通过对典型事例的表扬、批评、倡导、宣传,以发扬通报的教育作用和指导作用。

2. 求实性

被通报的人物、事件都要真实、确凿;同时,通报内容的表述也要求准确、妥帖,侧重于通过事实与数据来表达作者的观点,而不多阐发道理。

3. 政策性

通报表彰或批评都要以党和国家的方针、政策为依据;通报中的指导意见亦要体现有关的方针、政策。

(三)通报的种类

按性质和内容分,通报有以下三种:

1. 表扬性通报

表扬性通报主要用于表扬在工作、学习和其他活动中做出显著成绩的先进集体或先进个人,以树立典型、发扬正气,达到推动工作的目的,例如《关于表彰全国建筑施工安全质量标准化示范工地先进集体先进个人的通报》(见例文2-14)。

2. 批评性通报

批评性通报主要用于批评在工作、生产和其他活动中,或因违反政策,或因违反纪律,造成损失的地区、单位或个人,以吸取教训,引以为鉴,防止和避免类似事件再次发生,如《建设部关于对×××等8人在勘察设计注册工程师注册申报过程中违规行为的通报》(见例文2-15)。

3. 情况通报

情况通报主要用于上级领导机关向下属机关传达有关工作的重要精神和情况,以便上情下达,统一认识,协调工作,例如《建设部建筑市场监管司关于2009年建设工程企业资质审查情况的通报》(见例文2-16)。

二、通报的写作方法和要求

(一)通报的写作方法

1. 标题

标题由发文机关、事由和文种组成(见例文2-15、例文2-16),也有的省略发文机关,只写事由和文种(见例文2-14)。

2. 主送机关

通报的主送机关很明确,即发文机关下属的所有单位;也正因如此,所以有的通报也可以不写主送机关。

3. 正文

不同类型的通报,有着不同类型的写作要求。一般来说,表扬性通报和批评性通报写法比较接近。正文主要包括以下内容:

(1)序言。先用简洁的语言概括所通报的主要事迹和作出的决定,结尾处常用习惯性的过渡语,如"特在全县范围内予以通报表彰,望认真组织学习"、"为此通报全市,望各级单位从中吸取教训,引以为鉴"等;有的直接写"现通报如下"、"特通报给你们"等语句过渡到下文;也有的通报不写序言。

(2)叙述典型事例。这是通报的主要部分,要具体地、详细地阐明当事人和典型事迹所发生的时间、地点、经过、结果,注意做到一要清楚、明白,二要重点突出。

(3)适当分析、评价。在阐述事实的基础上,进行适当的、恰如其分的分析、评价,指出其教育意义,以吸取经验、教训。表扬的要揭示事实的主要精神,值得学习的发扬之处;批评的要分析其错误的要害和产生的原因。这部分要写得简明扼要,点到为止。

(4)作出表扬或处理的决定。这是发文机关对表扬或批评的人和事作出表扬或处理的决定。表扬的可以予以什么精神奖励或物质奖励,批评的应给予什么处分。需要说明的是"特予以通报表扬"或"予以通报批评"的提法,虽然没用具体的奖励或处分的内容,但也是一种决定。

(5)发出号召,提出要求或希望。对被表扬的,要号召向他学习;对被批评的,要号召从中吸取教训。不管是号召学习先进事迹,还是提出批评,吸取教训,都应紧紧扣住事实部分而不要漫无边际。

情况通报的写法,要视其内容和要求而异,但一般都要写明三方面的内容。即提出问题,着重阐明通报了什么情况;分析问题,分析所述情况,从现象到本质,揭示其实质所在;解决问题,即对所述情况作出决定,提出要求、希望以及采取的具体措施和方法。

4. 最后标明发文机关和成文日期

(二)通报的写作要求

1. 通报的事实要有典型性、代表性

通报的先进事迹,必须是值得在社会上提倡的具有普遍学习意义的;通报批评的事情往往代表了某种错误的倾向;所通报的主要情况往往是与推进当前中心工作密切相关的重大事项。这样才能使广大干部、群众从中受到教育与启示或引起广泛重视,进而对工作起到引导与促进作用。

2.通报在写作上,要求采用叙述与议论相结合的手法

通报可采用先叙后议,亦可叙议结合的写作手法。只叙述不议论,通报就没用深度;而只议论,不叙述,通报就流于空泛、平淡,只有把叙述与议论有机结合起来,才能使通报有说服力。

3.通报要及时,抓住时机

通报主要用于反映新情况、新问题、新经验,用以指导面上的工作。因此,无论是发现问题,还是制发通报都要求及时、快捷,才能发挥应有的教育作用和指导作用。

【例文2-14】

关于表彰全国建筑施工安全质量
标准化示范工地先进集体先进个人的通报

各省、自治区住房和城乡建设厅、总工会,直辖市建委(建设交通委)、总工会,江苏省、山东省建管局,新疆生产建设兵团建设局、工会:

建筑施工安全质量标准化工作自2005年开展以来,对促进建筑生产安全管理水平提高,有效防范和遏制建筑生产安全事故,发挥了重要作用,并创建了一批示范工地。为更好地推进建筑施工安全质量标准化工作,经研究,决定对北京轨道交通大兴线01标段等93个建筑施工安全质量标准化示范工地、北京市西城区建筑工程安全质量监督站等61家先进集体和陈卫东等93名先进个人予以通报表彰。

希望受表彰的示范工地、先进集体和先进个人珍惜荣誉,再接再厉,在今后工作中再创佳绩。全国建筑安全生产战线的广大干部职工,要认真贯彻落实科学发展观,牢固树立安全发展理念,学习先进,扎实工作,开拓进取,为促进全国建筑安全生产形势持续稳定好转做出新的贡献。

附件:1.全国建筑施工安全质量标准化示范工地名单(93个)(略)
  2.全国建筑施工安全质量标准化工作先进集体名单(61家)(略)
  3.全国建筑施工安全质量标准化工作先进个人名单(93名)(略)

中华人民共和国住房和城乡建设部
中华全国总工会
××××年×月×日

【例文2-15】

建设部关于对×××等8人在勘察设计
注册工程师注册申报过程中违规行为的通报

各省、自治区住房和城乡建设厅,直辖市建委(建设交通委),北京市规划委,新疆生产建设兵团建设局,总后基建营房部工程局:

经查,×××等8人(名单见附件)在申报勘察设计注册工程师初始注册时,隐瞒其已在

另一个单位注册执业的事实,提供虚假材料,再次申请一级注册结构工程师或注册土木工程师(岩土)初始注册。

为加强注册执业管理,维护注册人员聘用单位的合法权益,根据《建设工程勘察设计管理条例》(国务院令第293号)和《勘察设计注册工程师管理规定》(建设部令第137号)有关规定,现对×××等8人隐瞒事实、提供虚假材料,同时受聘于两个单位并申请注册的违规行为给予通报批评,一年内不得申请注册,并将其不良行为记入个人信用记录。

各地住房和城乡建设主管部门要加强个人执业资格注册管理,加大对注册申报违规行为的查处力度。各有关单位要对照检查,严格管理,防止类似事件再次发生。

附件:违规申报注册人员名单(略)

中华人民共和国住房和城乡建设部办公厅
××××年×月×日

【例文2-16】

建设部建筑市场监管司关于
2009年建设工程企业资质审查情况的通报

各省、自治区住房和城乡建设厅,直辖市建委,北京市规委,江苏省、山东省建管局,新疆生产建设兵团建设局,国务院有关部门建设司(局),总后营房部工程管理局,国资委管理的有关企业:

现将我部2009年审查的建设工程企业资质情况通报如下:

2009年1至12月,我部共审查5690家建设工程企业升级、增项、延续等各类申请,其中,工程勘察设计企业1937家,通过1619家,通过率83.58%(工程勘察设计升级、增项企业726家,通过541家,通过率74.52%);施工升级、增项企业1321家,通过1091家,通过率82.59%;工程监理企业1760家,通过1644家,通过率93.41%(工程监理升级、增项企业582家,通过469家,通过率80.58%);工程招标代理机构453家,通过446家,通过率98.45%(工程招标代理机构升级企业98家,通过60家,通过率61.22%);设计施工一体化企业219家,通过190家,通过率86.76%(见附表一)。

2009年,我部委托初审部门对267家建设工程企业进行了资质核查,其中,群众举报类78家,按期返回核查意见的60家,占76.92(见附表二);资质评审中发现有弄虚作假嫌疑进而核查的189家,按期回复的176家,占93.12%(见附表三)。对于附表二和附表三中核查属实,但返回我部意见不明确或尚未按期返回意见的,有关初审部门应当继续负责落实。对于仍未按时返回意见或返回意见不明确的,我部将不予核准该企业的资质申请,并在核查意见返回前不受理这些企业的任何资质申请。

附表:一、2009年建设工程企业资质审查情况汇总表(升级、增项);(略)
二、2009年建设工程企业资质举报核查情况汇总表;(略)
三、2009年建设工程企业资质评审核查情况汇总表。(略)

中华人民共和国住房和城乡建设部建筑市场监管司
××××年×月×日

第五节 报告、请示

一、报告的概念、特点及种类

(一)报告的概念

报告,适用于向上级机关汇报工作,反映情况,答复上级机关的询问,是一种陈述性的上行文,行文目的是为领导机关了解情况,制定政策和指导工作提供依据。

(二)报告的特点

1. 使用上具有广泛性

报告是下级机关向上级领导机关反馈信息、沟通上下级机关纵向联系的一种重要形式;而向上级领导机关及时汇报工作又是下级机关必须遵循的一项基本工作制度,因此,报告是下级机关使用比较广泛的一种文体。

2. 时间上具有灵活性

报告的使用不受时间限制,一般制发于工作任务完成后,也可在进行到一定阶段时行文。

3. 表达方式以叙述为主

报告以叙述为主,具体叙述工作的进程、取得的成绩、存在的问题,以及今后的打算;需要阐明观点和论证道理时,也要在叙述事实的基础上。

(三)报告的种类

根据报告的性质和内容,可以分为以下三种:

1. 工作报告

工作报告又称情况报告,这种报告主要用于向上级机关汇报工作、反映情况,可分为综合性报告、专题性报告、突发性报告三种。

(1)综合性报告,只是向上级机关全面汇报、反映一定时期内工作情况的报告。撰写时,要考虑、照顾到面上的工作情况,但要抓住重点,突出中心,主次分明,详略得当,切忌面面俱到,例如《××市××区人民政府对区人大常委会关于依法查处风景名胜景区违法建筑行为的决定落实情况的报告》(见例文2-17)。

(2)专题性报告,这是就某项工作情况专题向上级机关所写的报告。撰写时,集中汇报、反映一个方面的工作情况,例如《关于检查我市贯彻实施〈建筑法〉情况的报告》(见例文2-18)。

撰写上述两种报告,在内容上要阐明所做工作取得的成绩(或经验)、存在的问题(或教训)以及今后的打算等。同时,要写出新意,反映新情况,回答新问题,使报告内容有信息价值;叙述时,要注意点面结合,既对工作有全局、概貌的叙述,又需列举具有代表性的典型材料,说明工作的深度。

(3)突发性报告,这是在突然发生一些重大情况时向上级机关所写的报告。这类报告一般都是事故性的,撰写时要写明事故发生的详情、属于何种性质、初步看法以及处理意见等内容,例如《铁道部关于193次旅客快车发生重大颠覆事故的报告》。

2. 答复报告

答复报告又称上复报告,这种报告主要用于答复上级机关询问或了解的有关问题,必须有针对性地实事求是地回答,不要避而不答或答非所问。撰写时,要先写明针对何事回答,再具体、详细地进行答复,例如《关于××县农业生产资料公司以尿素计划指标非法换取进口小轿车的报告》(见例文2-19)。

3. 报送材料报告

报送材料报告主要用于向上级机关报送有关文件、物品等。这种报告内容极为简单,撰写时只要把报送的文件、物品名称写明,并作为附件一起上报即可,例如《关于报送2012—2013学年招生工作计划的报告》(见例文2-20)。

二、报告的写作方法和要求

(一)报告的写作方法

1. 标题

报告一般由发文机关、事由、文种组成(见例文2-17);也可省略发文机关(见例文2-18~例文2-20)。

2. 主送机关

标题之下,写明所报告的直属的上级领导机关的全称或规范化简称。

3. 正文

不同种类的报告,写法虽不一致,但也有一些共同的要求,一般由以下三部分组成:

(1)缘由。简明写出报告的目的、根据或起因,概括报告的主要内容,给人以总的印象。结尾处常用过渡语"现将情况报告如下"、"特将这一情况报告于后"等引出事实部分。

(2)叙述事实。一般要写明工作进程、取得的成绩、经验、存在的问题、教训,以及今后的打算等,但不同种类的报告,可分条列项,或划分为几个部分来写。

(3)结语。用简洁的文字概括全文,进一步强调行文的目的,点明或深化主题;也可以使用报告专门的结束语结束全文,如"特此报告"、"以上报告,请审阅"等。

4. 最后标明发文机关和成文日期

(二)报告的写作要求

1. 突出重点,点面结合

写作报告应注意突出重点。即使是综合报告,是以全面汇报工作情况的,也不能事无巨细,而要抓住影响全局工作的基本方面,重点汇报,专题报告更是要突出一个"专"字,自始至终围绕一个问题去叙述、说明,其他方面的事简略带过,做到点面结合,重点突出。

2. 综合分析,找出规律

报告的写作要在介绍情况的基础上注意归纳综合,进行深入的分析,作出恰当的判断,从中找出规律性的认识,用以指导今后的工作。

3. 及时报告,不失时机

报告反映情况要及时,才能使上级机关及时了解和掌握,并得到上级机关的指导和帮助。

三、请示的概念和特点

请示,适用于向上级机关请求指示、批准,是一种呈请性的上行文,其特点是:

1. 使用范围具有广泛性

机关、单位对自己无权决定或无法决定与处理的问题,均应使用请示,向上级机关请求指示或批准。

2. 要求回复具有明确性

请示是要求上级机关予以明确回复的公文,而且具有一定要回复的性质,被请示的领导机关必须对请示事项表明是否批准的态度或予以进一步的指示。

3. 行文内容具有限制性

请示内容必须是属于机关范围内无权或难以处理的问题与事项,不能请示不属于机关审批权限的事项,也不要请示本机关经过努力可以解决、也有条件解决的问题。

四、请示的写作方法和要求

(一)请示的写作方法

1. 标题

写明发文机关名称、事由与文种,有的只写请示事由与文种,前者如《××市××区建设局关于要求变更建筑业企业安全许可证的请示》(见例文2-21),后者如《关于明发商业广场项目减免建筑规费的请示》(见例文2-22)。

2. 主送机关

请示的主送机关只有一个,不能多头请示,写明所请示的上级领导机关的全称或规范化简称。

3. 正文

正文由三部分组成,即缘由、请示事项、请求语。

(1)缘由。正文的开头先简明扼要地写明请示的缘由,也就是原因、根据,要写得充分、透彻,合情入理。缘由部分结尾,常用"现将有关事项请示如下"、"特请示如下"等过渡语引出下文。

(2)请示事项。这是请示的核心部分,写明请求上级机关批准或指示的具体事项。这部分应言简意明地提出切实可行的解决问题的意见和办法,要写得清楚、明确。

(3)请求语。在请示事项写完之后,用请求语句结束全文。常用的请求语有"以上请求,如无不妥,请予批准"、"请审核批准"等;也可用"以上意见,如无不妥,请批转各地区、各部门遵照执行"等用语。请求语的语气要中肯、果断。

4. 最后标明发文机关和成文日期

(二)请示的写作要求

1. 主旨集中,一事一请求

一件请示只申请解决一个问题,不可一文数事,以免内容繁杂而影响批复的时间,请示的每个部分也要集中围绕所要请示的问题来写。

2. 主送一个上级机关

请示一般主送一个主管的上级机关,不要多头主送,如需同时送其他机关,应当用抄送形式,根据内容写明主送机关与抄送机关,由主送机关负责答复,除上级机关负责人直接交办的事项外,请示不得以机关名义向上级负责人报送。

3. 不得越级请示

请示应按机关的隶属关系逐级报送,在一般情况下,不得越级请示,若因特殊情况必须越级请示,也要抄送被越过的上级机关。

4. 请示理由要充分,请示事项要明确

请示事项是请示写作的核心内容,阐述请示事项时,要根据本地区、本单位的情况,提出执行和办法的具体意见,供领导机关批复时参考,请示首先要提出请示的理由,即为什么要请示,其必要性何在,说明必要性的同时,还要陈述解决请示事项所具备的有利条件及实现的可能性,为领导机关批准提供有说服力的事实与根据。

五、报告与请示的区别

报告与请示虽都是上行文,但是两种不同的公文文种,因此不能将二者混为一谈,更不能写成"请示报告"。它们的区别主要是:

(1)从写作目的上看,请示是为了解决某一问题向上级机关请求指示、批准,要求上级机关给予明确答复;而报告是为了汇报工作,反映情况,让领导及时了解情况,不需要上级机关答复。

(2)从发文时间上看,请示必须在事前行文,经上级机关批准或指示后方可实施,不能"先斩后奏";报告在事后或事中行文,将事情的经过和结果,或将一个时期的工作情况向上级汇报,以沟通信息,便于上级机关掌握。

(3)从内容构成上看,请示的结构由缘由、请示事项和带有请求批准、批复的结束语组成;报告的结构一般由缘由、叙述事实、结语组成,其中结语不带请求答复的内容。

【例文2-17】

××市××区人民政府对区人大常委会关于依法查处风景名胜景区违法建筑行为的决定落实情况的报告

区人大常委会:

2009年9月28日,区第三届人大常委会第五次会议作出了《关于依法查处风景名胜景区违法建筑行为的决定》(以下简称《决定》)。按照《决定》要求,区政府组织相关部门进行了认真研究,狠抓落实,现将落实情况报告如下:

一、高度重视风景名胜景区违反建筑行为查处工作

2007年9月28日,区第三届人大常委会第五次会议作出《决定》后,区政府高度重视,区长李××作出批示并在区长碰头会上进行研究部署,副区长汪××多次组织召开专题会议,研究贯彻落实区人大常委会《决定》的具体办法和措施,清理查处风景名胜区违法违规建设项目和破坏资源的行为。……

二、广泛宣传《××市风景名胜区条例》

自2007年10月以来,区风景委、区建委组织汇编了相关风景区法规,印发万余份《××市风景名胜区条例》(以下简称《条例》)宣传单、宣传守则等资料……

三、全面摸清风景名胜区现状

2008年2月,再次组织开展了对风景名胜区拉网式调查。……

四、认真修订风景名胜区管理办法

针对目前我区风景名胜区管理工作实际情况,我区在原制发的《××区风景名胜区管理暂行办法》的基础上,……

五、切实抓好风景名胜区综合整治

按照××市、××区《风景名胜区综合整治方案》要求,面向社会公开征集市级风景名胜区标志设计方案,经区、市专家评选,确定了青龙瀑布、龙泉、潭獐峡、歇凤山4个风景名胜区入口处标志的选址和方案设计。……

六、严肃查处违法建筑行为

2007年4月,发现甘宁镇楠桥村委会在青龙瀑布核心景区违法修建村级服务中心综合办公楼后,区长李××、副区长汪××指示区建委立即调查处理,××副区长明确要求甘宁镇党委政府敦促楠桥村委会立即停工,接受依法处理。……目前,此案仍在司法协调之中。
……

在今后的风景名胜区管理工作中,我们将重点做好……

××市××区人民政府
××××年×月×日

[例文2-18]

关于检查我市贯彻实施《建筑法》情况的报告

根据市人大常委会工作计划安排,前段时间,市人大常委会组织执法检查组,对我市贯彻实施《建筑法》情况进行了检查。其间,听取了市政府的工作汇报,召开了由市建设局、市规划局、市房管局、市国土资源局等部门负责人和部分建筑企业负责同志、人大代表参加的座谈会,并实地察看了部分建筑企业、监理企业、建筑工地等现场。现将有关情况报告如下:

一、主要做法及其成效

《建筑法》颁布实施以来,市政府及建设行政主管部门认真开展宣传教育活动,不断加强对建筑活动的监督管理,全市建筑市场秩序得到进一步规范,建筑活动逐步走上了良性发展轨道。

(一)加强法律宣传,执法和守法意识不断提高。……

(二)规范工作程序,认真落实《建筑法》规定的各项制度。……

(三)整顿市场秩序,依法查处违法违规行为。……

(四)完善制度体系,工程质量安全水平进一步提升。……

二、存在的主要问题

近年来,市政府在贯彻实施《建筑法》过程中做了大量工作,取得了一定成效,但我们也应清醒地看到,仍存在一些不容忽视的问题。

(一)法制观念仍然比较淡薄。……

(二)工程质量安全事故时有发生。……

(三)监督管理工作还不到位。……

三、今后工作的建议

为深入贯彻落实《建筑法》,全面维护建筑市场秩序,确保建设工程质量和安全,针对检查中发现的问题,提出以下建议:

(一)进一步加强对建筑法律法规的宣传教育。……

(二)坚持以人为本,切实抓好工程质量和安全。……

(三)从规范建筑市场秩序入手规范和监督建设单位行为。……

(四)认真解决好拖欠工程款和农民工工资问题。有关部门应提高市场准入门槛,保证在项目实施过程中,资金按时到位支付,从源头上避免"两个拖欠"问题的形成。要从维护社会稳定的大局出发,认真落实有关法律法规,建立和完善长效管理机制,从制度上为支付工程款和农民工工资提供保障。

××××年×月×日

【例文 2-19】

关于××县农业生产资料公司
以尿素计划指标非法换取进口小轿车的报告

××市人民政府：

  前接××〔200×〕××号函，询问××县农业生产资料公司以尿素计划指标换取进口小轿车一事，现答复报告如下：

  经查，××县农业生产资料公司于200×年11月，以"互相支援"为名，"送给"××县供销社×百吨尿素计划指标，××省×县供销社于当年"送给"××县农业生产资料公司进口××牌小轿车一辆。××省×县供销社将×百吨尿素转手高价出售，非法获纯利×万元。

  尿素是当前农业生产供应紧缺的国家计划物资，进口小轿车是国家控购商品。××县农业生产资料公司打着"互相支援"的幌子，擅自动用尿素计划指标非法换取进口小轿车，破坏了正常的经济秩序，是商品流通领域中的严重不正之风。我社对这一情况未能及时了解并制止，负有重要的领导责任，我们将深刻检查，吸取教训。

  对于××县农业生产资料公司的处理，我们的意见是：

  1. 责令××县农业生产资料公司领导写出深刻的书面检查，并在职工中公开检讨。

  2. 由××县工商行政管理局按国家规定，将××县农业生产资料公司非法换取的小轿车收缴国库。

  以上报告妥否，请批评指正。

××市供销合作社
××××年×月×日

【例文 2-20】

关于报送2012—2013学年招生工作计划的报告

教育部：

  现将我校2012—2013学年招生工作计划报上，请审核。

  附件：××交通职业技术学院2000—2001学年招生工作计划

××交通职业技术学院
××××年×月×日

【例文 2-21】

××市××区建设局关于要求变更建筑业企业安全许可证的请示

××市建设委员会：

  注册在我局的××市××华能装饰有限公司原法人代表邹××因健康原因辞去公司法

人代表一职,经有关部门批准由刘××担任该公司新的法人代表,为此,要求将安全生产许可证上的公司主要负责人由"邹××"更改为"刘××"。为了使建筑施工业企业更好地开展建筑施工安全工作,要求更换安全生产许可证。

以上请示当否,请批示。

××市××区建设局

××××年×月×日

【例文2-22】

关于明发商业广场项目减免建筑规费的请示

××市人民政府:

明发商业广场项目总投资2000万美元,注册资本1000万美元,占地270亩,建筑面积40万平方米,由中国城市运营商50强之一——明发集团投资,主要建设集酒店公寓、大型零售业、Shopping Mall 于一体的商业设施,明发商业广场的建成将有力带动我市及东部地区经济发展。由于本项目涉及的建筑规模较大,各项建筑规费之和将达数千万之多,而该公司正处于前期开发阶段,资金筹措比较困难,特申请减免部分规费。

以上请示当否,请批复。

××市××区人民政府

××××年×月×日

第六节 批 复

一、批复的概念和特点

批复,适用于答复下级机关请示事项,是一种只限于上级机关答复下级机关所请示的问题时使用的下行文。其特点是:

1. 针对性

批复是针对请示的内容予以明确的答复,不涉及与请示内容无关的其他问题;同时,批复一般只主送给请示的单位。

2. 被动性

批复是根据下级机关报送的请示被动制发的公文,有请示才有批复,没有主动行文的。

3. 指示性

批复中对请示的批示或答复意见,反映了直属上级机关的行政决策,要求下级机关遵守与执行,具有明显的指示性。

二、批复的写作方法和要求

(一)批复的写作方法

1. 标题

一般由发文机关、事由和文种构成,例如《××省人民政府关于××省生态功能区划的批复》(见例文2-23);有的还在标题中标明"同意"的态度,例如《国务院关于同意××省××市人民政府驻地迁移的批复》(见例文2-24)。

2. 主送机关

标题之下,写明报送请示的下级机关名称。

3. 正文

批复的正文比较单一,篇幅相对短小,一般由引语、批复内容、结语组成。

(1)引语。通常写明下级机关来文的标题或来文所请示的事项,有的还写明来文的日期或发文字号,这些内容通常用一句话概括,如"报来《关于报请审批〈××省生态功能区划〉的请示》(×环呈〔2004〕96号)收悉。经研究,现批复如下";有的引语不用"批复如下"的过渡语,在写"经研究"后就直接写批复内容(见例文2-25)。

(2)批复内容。主要写明对请示事项所作的具体批示,表明同意或不同意的态度,或作进一步指示。也有的在表态后提出一些希望或要求。内容多的分条款来写(见例文2-23)。

(3)结语。一般用"此复"或"特此批复"等语句,也有的不用,批复内容写完,全文即告结束。

4. 最后标明发文机关和成文日期

(二)批复的写作要求

1. 内容要集中

批复内容要紧紧围绕请示事项给予有针对性的答复,不能偏离请示事项,发表空泛的意见。

2. 态度要鲜明

要做到根据充分,态度明朗,切忌模棱两可,含糊其辞。

3. 语言要准确、简明

在表述上,批复措辞要准确,语气要肯定,语言要简明。

【例文2-23】

××省人民政府关于××省生态功能区划的批复

省环保局、省发展改革委:

报来《关于报请审批〈××省生态功能区划〉的请示》(×环呈〔2004〕96号)收悉,经研究,现批复如下:

一、原则同意你们组织编制的《××省生态功能区划》。

二、《××省生态功能区划》由省环保局、省发展改革委发布并组织实施。

三、《××省生态功能区划》是我省生态保护和经济社会持续健康发展综合决策的科学依据。各地、各部门要按照《××省生态功能区划》要求,进一步加强我省生态保护与建设,推进全省经济社会可持续发展。

××省人民政府
××××年×月×日

【例文 2-24】

国务院关于同意××省××市人民政府驻地迁移的批复

××省人民政府：

你省《关于××市人民政府驻地迁移的请示》(×府呈[2005]57号)收悉。现批复如下：

同意××市人民政府驻地由××市××区市府路迁至××市××区林城东路。搬迁经费由你省自行解决。

国务院
××××年×月×日

【例文 2-25】

×××进出口总公司
关于×××分公司开发××产品的批复

×××分公司：

你公司于二〇〇×年×月×日《关于开发××产品的请示》收悉。经研究，同意你公司开发××产品，具体方案拟出后报总公司备案。

特此批复

×××进出口公司
××××年×月×日

第七节　函

一、函的概念、特点和种类

(一)函的概念

函，适用于不相隶属机关之间商洽工作、询问和答复问题，请求批准和答复审批事项，是一种简便快捷、自由灵活的平行文。

(二)函的特点

1. 使用范围的广泛性

函主要使用在不相隶属机关之间，但有时也可以根据需要，在平行机关、上下级机关之间使用。其使用范围相当广泛，一般用于商洽工作和询问问题，不具有指示和指挥作用。

2. 写作方法的灵活性

函可以用于公务联系的各个领域与各个级别层次的机关，一般不受作者职权范围大小与级别层次高低的制约，也不受事情轻重差别的限制。内容集中，一事一函，行文简便灵活。

(三)函的种类

1. 按函的行文方向分

(1)去函，也称发函、来函。其行文者主动与有关单位商洽工作、询问问题或请求批准等,这种函的行文者是主动的,例如《中国科学院××研究所关于建立全面协作关系的函》(见例文2-26)。

(2)复函,也称回函。其行文者用以答复去函所商洽的工作、询问的问题或批准有关单位的请求事项等,这种函的行文者是被动的,例如《关于学校医院等人员密集场所抗震设防的复函》(见例文2-27)。

2.按函的内容、作用分

(1)商洽函。用于机关、单位之间商洽工作、联系有关事宜,如洽谈业务、商调干部、联系培训、参观事宜等。商洽函应把要商量的问题写得具体、清楚。

(2)询问函。用于机关、单位之间询问有关问题。询问函要把询问事项写得明确,便于对方尽快答复。

(3)答复函。用于答复机关、单位去函询问、商洽的问题。答复函应针对去函询问、商洽的问题,予以有针对性的、实事求是的答复。

(4)请准函。用于向不相隶属的主管部门请求批准事项的函。请准函要有充分的理由,要求批准的事项要明确、具体、合理,用语要诚恳、尊重,力求得到对方的同意。

3.按函的格式分

(1)公函。在格式上,从标题、发文字号到成文时间等都严格按公文的格式制发,多用于商洽、答复、要求批准的较重要的事项。

(2)便函。这是机关处理一般事务用的简便函件,不属于正式公文,使用范围比公函要广。在格式上,不加标题,不编发文字号,用机关信笺书写,落款署上机关名称,注明发函时间,加盖公章即可。

二、函的写作方法和要求

(一)函的写作方法

1.标题

函的标题一般由发文机关、事由与文种(函或复函)组成,例如《国务院办公厅关于公开发布天气预报有关问题的函》、《审计署办公厅关于内部审计机构实施经济处罚问题的复函》;有的也可省略发文机关,例如《关于将生活服务设施纳入新建住宅规划的函》。

2.主送机关

函的主送机关一般只有一个;复函的主送机关,即去函的发文机关。

3.正文

正文包括致函的缘由、事项和结语三部分。

(1)缘由。去函首先写明商洽、询问、请求有关事项的原因。复函先写明去函的日期、标题,以及去函的发文字号,常用"×年×月×日《关于×××××的函》收悉"或"你单位××〔××××〕××号函悉"等语。

(2)事项。去函要写明所商洽、询问、请求的事项,并阐明发文者的看法和意见。对事项的表述要清楚、具体,内容多的可以分条款来写。复函要有针对性地回答去函所提出的问题和要求,答复要明确,不能答非所问,笼统模糊。

(3)结语。去函的结语常用"特此函告"、"特此函达,希即复函"、"盼复"、"请研究复函"、"特此函请审批"等;复函的结语则用"特此复函"、"此复"等。

4.最后标明发文机关和成文日期

(二)函的写作要求

1. 行文简洁明快

函的开头无问候寒暄之词,结尾处也不用祝颂致礼之语。语言简洁明快,内容开门见山,事尽言终,将需要商洽、询问、请求、答复等事项交代清楚、明确。

2. 语气谦和得体

函主要是不相隶属机关或平级机关之间使用的公文,因此语气应谦和、委婉、得体、讲究礼节,忌用命令性、告诫性等一类词语。

3. 来往函件规格对等

无论是去函或复函,来往要对等。这既是公务文书规范化的要求,也是讲礼节的表现。

若是上级机关来函询问有关事宜,一般以报告答复,这是出于对上级机关的尊重。也有的上级机关在答复下级机关请示事项时,用复函(见例文2-28)。

【例文2-26】

中国科学院××研究所关于建立全面协作关系的函

××大学:

近年来,我所与你校双方在一些科学研究项目上互相支持,取得了一定的成绩,建立了良好的协作基础。为了巩固成果,建议我们双方今后能进一步在学术思想、科学研究、人员培训、仪器设备等方面建立全面的交流协作关系,特提出如下意见:

一、定期举行所、校之间学术讨论与学术交流。(略)

二、根据所、校各自的科研发展方向和特点,对双方共同感兴趣的课题进行协作。(略)

三、根据所、校各自人员配备情况,校方在可能的条件下对所方研究生、科研人员的培训予以帮助。(略)

四、双方科研教学所需要高、精、尖仪器设备,在可能的条件下,予对方提供利用。(略)

五、加强图书资料和情报的交流。

以上各项,如蒙同意,建议互派科研主管人员就有关内容进一步磋商,达成协议,以利工作。特此函达,务希研究见复。

中国科学院××研究所(盖章)
××××年×月×日

【例文2-27】

关于学校医院等人员密集场所抗震设防的复函

北京市规划委员会:

你委《关于加强学校医院等人员密集场所建设工程抗震设防要求有关问题的函》(市规函〔2009〕801号)收悉。经研究,答复意见如下:

一、根据《建筑法》、《防震减灾法》、《建设工程质量管理条例》、《汶川地震灾后恢复重建条例》等规定,以及国务院办公厅《关于印发全国中小学校安全工程实施方案的通知》(国办发〔2009〕34号)的要求,学校、医院等人员密集场所建设工程应当执行工程建设标准。

二、现行的《建筑工程抗震设防分类标准》、《建筑抗震设计规范》贯彻了《防震减灾法》第三十五条的规定,要求"学校、医院等人员密集场所建设工程"应按"高于当地房屋建筑的抗震设防要求进行设计和施工",即抗震设防要求不低于重点设防类,并给出了相应的定量要求,以及如何达到这些要求的技术措施,是学校、医院等人员密集场所建设工程实现抗震设防目标的技术依据。

中华人民共和国住房和城乡建设部标准定额司
××××年×月×日

【例文2-28】

××市人民政府办公厅关于
临时工、合同工能否执罚问题的复函

××市市容环境卫生管理局:

你局《关于明确临时工、合同工能否执罚问题的请示》(×环卫发〔200×〕×号)收悉。现复函如下:

《中华人民共和国行政处罚法》于1996年10月1日起执行。该法对行政执法主体及执法人员作出了明确而严格的规定。按照《行政处罚法》和国务院《关于贯彻实施〈中华人民共和国行政处罚法〉的通知》,从今年10月1日起,合同工、临时工再不能从事行政处罚工作。

……

你局应按照上述精神,对全市市容卫生执罚人员进行清理,理顺执罚体制,保证行政处罚法的贯彻实施,促进市容卫生管理工作。

此复

××市人民政府
××××年×月××日

第八节 会 议 纪 要

一、会议纪要的概念、特点和种类

(一)会议纪要的概念

会议纪要,适用于记载和传达会议情况和议定事项,是一种在会议记录和会议文件等基础上择要整理出来的纪要性公文。

(二)会议纪要的特点

1. 反映会议基本情况,具有知照性

会议纪要一般制成于会议后期或会议结束之后,用文件形式择要阐明会议的基本情况、主要精神和议定事项,让与会单位或有关单位了解、知照。

2. 反映与会单位的共同意志,具有指导性

会议纪要所记载、传达的事项,反映了与会单位的共同意志,对于与会单位及其下属机关具有约束力和指导作用,必须共同遵守执行。

3. 发文方向多向,具有灵活性

会议纪要主要向与会单位及其下属机关发文,传达、贯彻执行会议精神和事项;也可以上

呈有关领导机关,汇报会议情况和结果;还可以发给平行机关,宣传会议精神,扩大会议影响。

(三)会议纪要的种类

根据会议纪要的性质分为两种:

(1)工作会议纪要。这种会议纪要的主要内容是传达会议议定事项,重要的工作会议一般都要形成决议,以便会后贯彻执行会议精神。

(2)研讨会议纪要。这是对座谈会、经验交流会、学术讨论会等研讨问题的情况和结果的择要反映。它既要反映与会人员经过讨论统一了的认识,也要把未能作出结论的、为与会者所关注的问题写入纪要,以达到交流信息、启发思维的目的。

二、会议纪要的写作方法和要求

(一)会议纪要的写作方法

1. 标题

一般由会议名称和文种组成,会议名称构成因素较多,通常有:与会单位、议题、会型、年度、届次等,应根据会议实际情况准确命名,例如《全国统战工作会议纪要》《××大学第×次校长办公室会议纪要》《××省建筑安全生产联络员第十九次及安全生产约谈会议纪要》(见例文2-29)。也有是根据会议内容起草一个主题并加上副标题组成会议纪要标题,例如《座谈明方向 心心向着党——"9+3"班级入党积极分子座谈会纪要》(见例文2-30)、《直面危机,重在防守——海内外专家企业家防范化解金融风险座谈会议纪要》,这种标题一般见之于公开发表的报刊上。

2. 正文

用以概括地反映会议的基本情况、会议讨论与决定的事项及会议提出的希望和发出的号召,由以下三部分组成:

(1)开头。从总体上扼要介绍会议的一般概况,包括召开会议的根据、目的、时间、地点,与会单位或人员情况,会议主持人,会议的主要议题,以及对会议成果的总体评价等。在写法上可采用归纳叙述的方法。

(2)主体。内容包括会议讨论的主要情况、主要精神和议定的事项。写法上形式多样,可按会议讨论与议定事项内容的逻辑关系,归纳概括成若干层次,每个层次用序数或小标题表示;可在分列若干问题之后,再按发言的顺序分别表述;也可按会议讨论问题的顺序逐项叙述。无论哪种形式,都要抓住主要问题,高度概括,准确反映。

(3)结语。一般是提出会议的希望、要求或发出号召,也有的会议纪要这部分可省略。

3. 最后标明发文机关和成文日期

有的会议纪要的成文时间写在标题的正下方并加圆括号。

另外,与其他公文相比,会议纪要可以不加盖公章。

(二)会议纪要的写作要求

1. 实事求是,如实反映

会议纪要的内容要真实、准确,在对与会代表发言与议定事项进行归纳、概括、提炼时,既不能断章取义,也不能随便增删、修改,变更会议精神。

会议纪要成稿后,要提请主持人审核与签发。重要的会议纪要,须经与会者讨论认可方可印发。

2. 突出重点,简明概括

会议纪要应突出反映会议的主要精神和议定的事项,不能事无巨细都写入纪要之中,对于会议中出现的各种情况,应认真分析,从中提炼出最典型的事例与数据并进行概括说明,突出重点。

3. 层次分明,条理清楚

在写法上,会议纪要各层次除了可以用小标题、序数表示之外,还可用"会议指出"、"会议认为"、"会议强调"、"会议决定"、"会议要求"、"会议号召"等习惯语,分别冠以一个段落之前,使文章体现出层次分明,条理清楚。

【例文 2-29】

××省建筑安全生产联络员
第十九次及安全生产约谈会议纪要

2010 年 3 月 30 日,我厅建筑业管理处周××处长主持召开了全省建筑安全生产第十九次及安全生产约谈会议,周××副厅长到会并作重要讲话。会议传达贯彻国家和省有关会议精神,研究下一步建筑安全生产工作等事宜,现将会议纪要如下。

一、会议传达学习了全国、全省安全生产工作会议,全国建筑安全生产电视电话会议,全国建筑安全生产联络员第十二次会议精神。会议强调,各地、各单位要认真学习贯彻上述会议精神,按照国家和省相关会议提出的总体要求、主要目标、工作重点和工作要求,加大贯彻执行力度,认真查找安全生产薄弱环节,采取有效措施,切实加强建筑安全生产监督管理工作。

二、会议分析了 2009 年全省建筑安全生产形势。今年一季度发生建筑施工安全事故 3 起,死亡 12 人,与同期相比,起数减少 3 起,下降 50%,死亡人数增加 6 人,上升 100%。其中××市 2 起,死亡 10 人(已突破 2010 年指标),××市 1 起,死亡 2 人;全省建筑安全生产形势十分严峻。

三、会议部署了今年的重点安全生产工作。各地、各单位要按照 2010 年我厅与省人民政府签订的安全生产工作责任书和安全生产工作目标和任务责任书,以及各地、各单位与我厅签订的安全生产责任书的要求,切实做好安全生产工作,确保完成省人民政府下达的安全生产工作任务和目标。

四、会议对××市"3·14"事故有关单位进行了约谈。省住房和城乡建设厅×××副厅长代表省住房和城乡建设厅就"3·14"事故约谈了××市住房和城乡建设局、中国建筑第四工程局有限公司(×)、××三维工程建设监理咨询有限公司。被约谈的单位分别介绍了事故的基本情况,深刻分析了事故暴露出来的问题,提出了下一步的整改措施。会议认为"3·14"事故暴露出建设工程各方责任主体安全责任不落实,对危险性较大分部分项工程监管不力等问题,各地、各单位要认真吸取事故教训,认真思考如何实施大项目的远程监控、过程监控,加大监管力度,杜绝类似事故再次发生。

五、××地区住房和城乡建设局介绍了安全生产管理工作经验。××地区住房和城乡建设局认为加强安全生产工作必须进一步落实企业的安全生产主体责任,加强企业安全文化建设,突出重点,严格基本建设程序,严格执行相关制度等。

六、会议对全省建设工程安全监督机构考核和工程建设基本信息上报情况进行了通报。会议要求各地对建设工程安全监督机构存在的问题进行认真整改,该上报政府的上报政府,同时我厅也将情况上报省人民政府。此外,各地应重视工程建设基本情况统计和上报工作,未上报或上报信息不全的要抓紧上报,并确保上报数据的准确性和真实性。

会后,我厅将对本次会议缺席人员进行全省通报。

×××× 年 × 月 × 日

【例文2-30】

座谈明方向　心心向着党
——"9+3"班级入党积极分子座谈会纪要

为了更好地贯彻落实省委、省政府实施藏区"9+3"免费教育计划,推进少数民族师生组织发展工作,5月18日下午,学校党委在辅楼101教室举行藏区"9+3"班级入党积极分子座谈会。09级旅管1班、2班及09级汽修4班的57名入党积极分子参加了座谈。学校党委书记丁××、党委副书记、常务副校长董××,党办、"9+3"办公室、学生处、第三党支部、第四党支部等相关部门领导以及负责三个班入党积极分子培养考察工作的党员同志出席了座谈会。

首先,丁书记表示能和同学们一起交流思想、听取意见,感到非常高兴。他指出"9+3"免费教育政策是我们国家为发展少数民族地区而制定的一项民生工程、德政工程,关系到少数民族年轻一代的成长,意义非常重大;并殷切地希望在座的同学能珍惜学习的机会,肩负起重要的历史使命——将先进的科学文化知识带回家乡,把家乡建设得更美好。接着,丁书记从树立坚定的理想信念,努力学习党的知识,积极在行动上争取入党,及时向党组织汇报思想、学习、工作情况四个方面详细阐述了怎样才能尽快成为一名合格的共产党员。

随后,党委副书记董××强调了学校党委长期以来高度重视少数民族学生组织发展工作,制定了多项措施做好"9+3"学生党员的培养工作。在座的同学都是入党积极分子,是"9+3"班级中优秀的学生代表,学校培养发展大家,希望大家更加充分发挥自己的模范带头作用,改进不足,带动身边的同学一起努力,争取早日加入党组织。

接着学生处副处长××、党办主任××等同志对在座的入党积极分子提出了希望和要求,并将负责三个班级培养工作的旅管系主任谢××、第三党支部书记陈××及副书记周××、第四党支部书记姚××等同志向同学们一一作了介绍。

座谈会在同学们热烈的掌声中结束。

通过此次座谈,同学们更加感受到了党的先进性,对加入中国共产党的条件有了进一步的认识和了解,明确了努力方向,力争通过自身不断的努力,在学校党组织的培养考察下,早日加入中国共产党党组织。

一、阅读下列材料,做材料后的练习。

材料一

《湖北省企业负担监督条例》已由湖北省人民代表大会常务委员会第十八次会议通过,现予公布,自2006年2月1日起施行。

材料二

为了维护良好的社会秩序,保障公民的合法权益,根据《中华人民共和国居民身份证条例》、《××市人民政府关于使用管理居民身份证的暂行规定》等有关法规,自200×年5月1日起在全市范围内实施查验居民身份证件的制度。现××如下:

一、本市公民凡已领取居民身份证的,应随身携带,妥善保管,以备查验。

二、凡外地人员,应持有当地居民身份证,尚未领取居民身份证的,应携带贴有相片的工作证或街道、乡镇以上人民政府的证明,或其他证明身份的证件,以备查验。

三、本市旅店、招待所、宾馆等,应凭上述证件接待旅客,办理住宿登记,无上述证明者,不得接待安排住宿。

四、从外地来本市暂住人员,必须及时在暂住地户口登记机关办理暂住证,并应随身携带,以备查验。

五、公安机关在执行下列任务时,有权查验公民身份证,被查验的公民不得拒绝。(略)

根据材料作答:

1. 材料(　　)可以写公告,材料(　　)可以写通告。
2. 结合所给材料说明公告与通告有什么区别。
3. 为这两则公文拟定标题,结合实例说明公文标题的写法。

二、通报属于什么性质的公文?结合学校实际拟写一份表彰性通报或批评性通报。

三、阅读下列请示,做请示后的练习。

关于召开中国共产主义
青年团××市云岩区第二次代表大会的请示

共青团××市委员会:

共青团云岩区第六届委员会自200×年4月选举产生至200×年4月任期已满3年,根据《中国共产主义青年团章程》和团市委集中换届的要求,经区团委委员会议讨论,拟定于今年五月上旬召开共青团云岩区第二次代表大会。有关事项请示如下:

一、大会时间

200×年5月4日(一天)

二、大会地点

区政府大礼堂

三、大会主要内容

(1)听取和审议共青团××市云岩区委员会工作报告。

(2)选举产生共青团××市云岩区第七届委员会。

(3)选举产生出席共青团××市云岩区第八次代表大会代表。

四、代表名额和分配原则

根据《中国共产主义青年团地方各级代表大会组织选举规则(暂行)》和《中国共产主义青年团章程》的有关规定,结合××区的实际情况,拟定正式代表70~100名。

代表的分配原则是:以各基层团组织的团员总数为基础,考虑各单位之间团员分布不平衡的状况,在分配上适当调整;其中,团干部不超过代表总额的30%,党员不超过50%,女代表不少于代表总额的25%。

另外,大会设列席代表若干名,根据工作需要确定部分特邀代表。

五、代表的条件(略)

六、代表产生的办法(略)

七、委员的组成和产生办法(略)

区第七届委员会候选人预备人选,由区团委六届委员会广泛征求所属团组织和团员的意见,酝酿推荐产生。在报区党委和团市委同意后,提请大会主席团确认,提交各代表团(小组)酝酿讨论,大会主席团根据酝酿讨论情况确定候选人名单,提交代表大会选举。选举将采取无记名差额选举的方式(差额率为20%)。

以上请示,如有不当,请批复。

共青团××市云岩区委员会
二○○×年四月十三日

根据材料作答:
1. 写出印发这一公文的规范格式,包括眉首、主体和版记部分的格式。
2. 能否将此文标题写成"报告"?为什么?
3. 为此文拟写一份批复。

四、阅读下列材料,做材料后的练习。

关于征求《城市污水处理特许经营示范文本》(征求意见稿)意见的函

建办城函〔2006〕98 函

各省、自治区建设厅,直辖市建委及有关部门:

为了推进城市污水处理特许经营,运用市场机制加快城市污水处理,规范政府与企业双方的权利与义务,加强监管,确保公众利益和公共安全,根据国家有关法律法规,以及建设部《关于加快市政公用行业市场化进程的意见》、《市政公用事业特许经营管理办法》、《关于加强市政公用事业监管的意见》,我部组织有关专家在总结各地利用社会资本参与城市污水处理设施建设和运行的实践基础上,起草了《城市污水处理特许经营示范文本》(征求意见稿)。现送给你们,请提出修改意见,并请于2006年3月15日前将书面意见反馈我部城市建设司。

联系人:××××××
电　　话:010-×××4352(兼传真),×××3160
电子邮箱:××××@bdc.cn
附　　件:《城市污水处理特许经营示范文本》(征求意见稿)
(电子版见 www.×××.gov.cn;www.×××s.gov.cn)

中华人民共和国建设部办公厅
二○○六年二月二十八日

根据材料作答:
1. 结合此文说明这种公文有什么特点?写作函有什么要求?
2. 根据此文内容写一份复函。

第三章 行政事务应用文

第一节 计 划

一、计划的概念、特点和种类

(一)计划的概念

计划是党政机关、社会团体、企业单位预先对一定时期的工作、学习、生产等作出科学性部署或安排的书面文体。古人云:"凡事预则立,不预则废。"(《礼记·中庸》)对各个单位来说,有了周密的计划,工作就有了明确的目标和具体的步骤,就可以增强自觉性、主动性,减少盲目性、随意性,使工作有条不紊地进行,有效地提高工作效率,并达到最佳效果。

计划是一个统称。常见的规划、纲要、安排、设想、打算、方案、要点等,都是计划。一般地说,"规划"、"纲要"是蓝图式的长远计划,适用时间较长,规模较广,内容比较概括;"安排"的适用时间较短,内容较具体,范围较小,一般用于单项的具体工作;"设想"、"打算"是初步的、预备性的、有待于进一步完善的非正式计划;"方案"是对某项工作从目的要求、方式方法到具体进度全面细致布置的专业性较强的计划;"要点"是上级对下级布置任务、交代政策提出的一种扼要的、概括的计划,一般只是原则性的安排,不介绍具体做法。

(二)计划的特点

1. 较强的预见性

计划是事前行文,计划中所提出的任务、目标、所制订的措施、步骤,虽然有现实依据,但都是对未来行动的预想和策划。可以说,没有预见就没有计划。只有高瞻远瞩,正确分析各种有利不利的因素,才能对发展趋势和所能达到的目标,作出科学的预测。

2. 明确的目的性

每份计划拟订时都有明确的目的,辅以切实可行的措施、步骤。计划本来就是为了避免行动的盲目性而制订的,没有明确的目的,就谈不上计划。

3. 措施的可行性

制订计划,必须重视措施的可行性,其目标、措施都必须建立在必要而且可能的前提下,才能有效地指导工作。它所规定的任务要求,不是凭空想象、盲目而无根据的,而是切实可行,经过努力完全能做到的。只有措施得力、方法得当、步骤具体、周密合理,才能达到预期的目的。

(三)计划的种类

计划的种类很多。从不同的角度、不同的标准可以分为以下几类:
(1)按性质分,有综合性计划、专题性计划等。
(2)按内容分,有生产计划、工作计划、学习计划、教学计划、科研计划等。

(3)按范围分,有国家计划、部门计划、单位计划、个人计划等。

(4)按时间分,有长期计划(一般指十年以上的远景规划)、中期计划(一般指五年计划)、短期计划(如年度、季度、月份计划)等。

(5)按形式分,有条文式计划、表格式计划、条文加表格式计划。

以上种类,往往可以重复归类。有的计划有多种属性,如《××市税务局2005年度二季度税收检查工作计划》,根据以上不同标准可兼属专题性计划、工作计划、单位计划、季度计划。

二、计划的写作方法和要求

(一)计划的写作方法

计划的写法无统一规定,其写作随事立体、循理布局。以下重点谈谈条文式计划的写作。

单位较大、时限较长、内容较丰富的计划,多采用条文式写法,主要是通过文字表述,一般由标题、正文、落款三部分构成。

1. 标题

标题,即计划的名称,写在第一行正中。完整的计划标题要求写明:单位名称、适用时间、计划内容、文种等四项,如《××经济开发区建设局2010年工作计划》(见例文3-1);如果计划只限于本单位使用,标题中可不写单位名称;如果是个人计划,则不将名字写在标题中,而是写在标题下或写在落款处;如果是征求意见稿或讨论稿,要在标题后或下方注明"征求意见稿"、"讨论稿"、"草稿"、"草案"等字样,并加圆括号。

2. 正文

正文即计划的内容,一般包括下列三个部分:

(1)开头部分。简要说明制订计划的目的要求、指导思想、理论或事实依据等,这是制订计划的立足点和出发点。表述时一般用"为了……"、"根据……"等的介词结构起句,然后用"为此,特制订计划如下"等过渡语转入主体部分。内容简单的计划或短期安排,可以不写这一部分,直接写计划的主体部分。

(2)主体部分。这是计划的核心和重点。一般要讲清楚"三要素",即目标(做什么)、措施(怎么做)、步骤(何时完成)。目标,这是计划要达到的工作要求和完成的任务指标,要写得具体、明确,不能笼统、含糊。如在说明任务要求时,不能只写"力争在产品产量和质量上有所提高,成本有所下降",而应具体说明产量要达到多少,质量要达到什么标准,成本要降低多少。否则,就会造成执行中的困难,使计划成为一纸空文。措施,这是执行计划时所采取的办法,即运用什么手段,动员哪些力量,创造哪些条件,排除哪些困难等。表述时,要注意切实可行、具体有力,这是实现计划的保证。步骤,这是对计划进度的具体安排,包括工作程序和时间分配,要写得符合实际,安排合理,且具有可操作性,使计划有条不紊、按部就班地实现。

在层次安排上,主体部分有两种模式:一种是把目标、措施、步骤分成三大部分,依次顺序写明;另一种是把目标、任务和措施、步骤结合起来写,写完一项任务后紧接着就是完成这项任务的措施、步骤,然后再写另一项任务及措施、步骤,如《××市规划管理局2007年党建工作要点》(见例文3-2)就是采用了这种模式。

(3)结尾部分。即计划的结语。或提出注意事项,或强调工作中的重点和主要环节,或展望计划实施的前景,或提出希望,或发出号召;也有的计划不写结尾部分。

3. 落款

多数计划有落款,一般包括制订计划的单位名称或个人姓名以及制订日期。制订日期也可写在标题下方正中。

(二)计划的写作要求

1. 实事求是,留有余地

制订计划时不仅要考虑到工作的需要,而且要考虑到实际的可能。所提目标任务,不能过高,也不能偏低,要有进取性,又要留有余地。计划应是经过相当的努力之后才能达到的行动纲领或行为目标,再好的计划,如果脱离实际,只能是纸上谈兵。所以,应结合本单位本部门的实际情况,订出切实可行的计划。

2. 内容要具体明确,具有可操作性

计划的目标、任务要具体明确,措施、步骤要切实可行,具有可操作性,切忌目标笼统,措施含糊,职责不明,分工不清。否则,执行时不得要领,检查时也缺少依据。

3. 语言要简明扼要

计划以叙述和说理为主,语言要简洁明了,善于用深入浅出的语言说明复杂的事理,不作冗长的叙述和过多的议论,行文上也要力求条理清楚,段落分明。

【例文3-1】

××经济开发区建设局2010年工作计划

一、城市市政设施建设

(一)进一步加快城市道路及配套设施建设步伐。抓好未完工道路建设的跟踪管理工作,做好新建道路的前期协调和施工管理工作。开工建设5条园区道路:北京东路延伸线、王家港路(荆沙大道至江津东路)、电力通道(功能二路至沙岑路)、津东大道(功能二路至荆沙大道)、东方大道延伸线(王桥至盐卡港)。

(二)积极做好开发区2010年通村公路建设计划申报工作。按照省市交通工作精神及安排,结合开发区实际,在联合、沙市农场的积极配合下,通过GPS调查,有15条计17公里通村公路已申报2010年通村公路建设计划。

(三)规划"十二五"××开发区交通建设项目。

根据省市相关文件要求,结合××开发区实际,制定并申报"十二五"交通项目建设规划,规划分道路建设、危桥改造及站场建设,总投资估算56961万元,可争取补助13475万元。

(四)准备开发区客运站开工建设,并着手做好荆岳铁路建设协调工作。

二、城市综合管理

(一)做好市政设施日常的维护、管理及审批工作;加强区内公共绿化的管养及治理。

(二)围绕提升城市形象,切实加大市容环境卫生监管力度;加大宣传力度,营造以人为本,讲究卫生、爱护环境的社会氛围;大力开展城市综合整治,致力改善城市新面貌:

1. 加强道路管理。以落实门前三包责任制为基础,着重解决占道经营、门店外延、乱牵乱挂、乱扔乱倒、乱停乱靠等问题,确保道路整洁、秩序良好。

2. 加强环卫作业监管。着重解决垃圾清扫清运不及时,垃圾落地和小街小巷、社区卫生差等问题,确保道路、社区卫生干净。

3. 加强三级网络监管。着重解决非法占地、违法建设的问题,确保及时发现,及时查处。

(三)结合继续开展文明执法教育活动,增强干部职工的危机意识、责任意识、进取意识,杜绝有法不依、执法不严、执法不公、粗暴执法的问题。强化执法管理责任,实行问责制;加强队伍建设,严格考评措施;亲民执法,搞好堵疏结合。

三、建筑市场管理

争取2009年所有在建工程和新开工项目施工许可办理率达87%。继续加大对在建工程的监管力度,严格执行《建筑法》等相关法律法规,强化工程质量安全监管,采取切实有效措施坚决禁止无证企业从事建筑施工活动。

四、服务中心窗口建设

继续把窗口服务作为工作重点,完善各项管理制度,优化服务理念,与时俱进,真正体现"构建360°思想,实现全方位服务"的服务理念。

【例文3-2】

××市规划管理局2007年党建工作要点

2007年是"十一五"规划建设的重要一年,按照市委和市直机关党建工作要点,结合规划工作实际,我局党建工作坚持以邓小平理论和"三个代表"重要思想为指导,认真贯彻党的十六届六中全会、省委九届九次全会和××市第八次党代会、市委八届二次全会精神,认真传达贯彻即将召开的党的十七大和省第十次党代会精神及《中共××市委关于实施党的基层组织先进性建设工程的意见》,牢记胡锦涛总书记"做表率,走前列"的嘱托,围绕市委市政府工作中心,立足新起点,增创新优势,结合××市城乡规划管理工作,始终坚持把提高党的执政能力、建强党的基层组织、加强党员干部队伍建设;抓好基层党组织的思想建设、组织建设、作风建设和制度建设。坚持党要管党,从严治党的方针,学习贯彻执行《建立健全教育、制度、监督并重的惩治和预防腐败体系实施纲要》,充分发挥各级党组织的战斗堡垒作用和党员的先锋模范作用,建立和完善先进性教育的长效机制,提高党员队伍素质,增强基层党组织凝聚力和战斗力,为加强××市城乡规划管理工作,全面完成市委、市政府2007年下达的各项目标任务,提供坚强的政治保证。

一、加强思想政治建设,增强使命感和责任感

1. 把党的思想理论建设放在首位,用先进的理论武装党员,从思想上建党,认真学习邓小平理论和"三个代表"重要思想,坚持以科学发展观为指导,全面贯彻落实十六届六中全会和省委九届九次全会、市委八届二次全会精神,提高党的执政能力,构建"和谐贵阳"。要按照市委的要求,加强领导干部和党员队伍的思想建设,增强历史使命感和政治责任感。为加快贵阳市经济社会又快又好的发展,立足新起点,增创新优势,实现跨越式发展的宏伟目标做出新的贡献。

2. 认真贯彻学习胡锦涛总书记在中纪委七次全会上的讲话,在领导干部中要倡导"八个方面的良好风气"。(略)

二、抓好党组织先进性建设,增强党员队伍的凝聚力

1. 做好党员发展工作,加强对中青年知识分子和业务骨干分子的培养。(略)

2. 加强党员的教育、管理和监督。(略)

3. 加强"八荣八耻"社会主义荣辱观的学习,以科学发展观为指导,树立马克思主义的世界观、人生观、价值观和正确的权力观、地位观、利益观。(略)

4. 加强班子和干部队伍建设,促进规划工作的全面发展。(略)

三、加强党的先进性建设,建立和完善长效机制,努力开创规划管理工作的新局面

1. 要以先进性教育为契机,以提高机关工作效率为切入点,把全体干部职工思想统一到中央和省市的决策上来。(略)

2. 建立和完善长效机制。(略)

3. 进一步增强规划服务意识,强化行政效能建设。(略)

4. 落实好《市规划局机关党组织先进性建设具体措施》,加强基层领导班子建设、党务干部队伍建设和党员教育管理。(略)

四、加强机关党风廉政建设,切实转变机关工作作风

1. 认真学习贯彻中纪委七次全会和省纪委七次全会以及市纪委二次全会精神,学习贯彻胡锦涛总书记以及省市主要领导的讲话精神,抓好规划系统的党风廉政建设和反腐败工作。(略)

2. 以领导干部廉洁从政为核心,严格执行党的纪律。(略)

3. 严肃查处违法违纪案件,从源头治理和预防腐败,要严肃查办领导干部和局机关工作人员滥用权力,违法违规审批案件,发现一起查处一起,决不手软。(略)

五、抓好群团工作,促进精神文明建设

1. 机关党组织要加强对机关群团组织工作的领导。(略)

2. 加强机关精神文明建设。(略)

二〇〇七年三月二十一日

第二节 总 结

一、总结的概念、特点和种类

(一)总结的概念

总结是对已经完成的工作进行全面回顾、分析、评价、研究,从中找出规律性认识的书面文体。常见的"小结"、"回顾"、"体会"等都属于总结。

通过总结,我们可以全面系统地回顾检查过去一段时期的实践,从中获得经验,吸取教训,以指导下一阶段的工作。对于领导机关而言,可以及时了解下情,随时给予正确的指导;对于兄弟单位而言,可以起到交流经验和互通信息的作用。

(二)总结的特点

总结通常是本人或本单位撰写的,一般用第一人称的口气;它必须反映实践的全过程;在文笔上,应叙议并重,且语气较谦虚。与其他应用文体相比较,它具有以下特点:

1. 实践性

总结的写作离不开实践,任何一篇总结都是实践的产物。它的内容完全来自实践,其材料是从实践中选取的,观点和结论也是从实践中概括提炼出来的,反过来它对实践又有直接

的指导作用。因此,实践性是总结最基本的特点。

2.指导性

作为一种回顾、思考的手段,总结是对以往实践工作的一种理性认识,回顾过去是为了展望未来,使今后的实践工作开展得更好。正如毛泽东同志所说的:"需要将我们工作中的主要经验,包括成功经验和错误的教训,加以总结,使那些有益的经验得到推广,而从那些错误的经验中取得教训。"(毛泽东:《中国共产党第八次全国代表大会开幕词》)也就是说,总结的目的就在于总结和推广经验,发现和避免错误,从而指导未来的工作。

3.理论性

总结不是停留在事实的叙述上,必须是客观事物的本质和内在规律的概括;也不是就事论事,而应就事论理,将感性的认识上升到理性的高度,在行文中要进行较多的分析,从实践中找出规律性的经验教训,所以,理论性较强。

(三)总结的种类

总结根据不同的标准来划分,有如下几种:

(1)按性质分,有综合性总结和专题性总结。这两种总结各有不同的用途,前者要求内容"全",后者要求内容"专"。从实际使用的情况来看,如果对某一方面经验进行总结,或是为了推广某一典型经验,常用专题性总结;如果对一个单位或部门在某一时期各方面的经验比较完整的进行总结,则多用综合性总结。

(2)按内容分,有工作总结、学习总结、生产总结、劳动总结等。

(3)按范围分,有单位总结、部门总结、个人总结等。

(4)按时间分,有月份总结、季度总结、半年总结、学期总结、年终总结、阶段总结等。

总结的种类虽然有上述分法,但事实上,一篇总结往往同时反映性质、内容、范围、时间等几个方面,如《××大学生2004—2005学年第二学期教学工作总结》即是。

二、总结的写作方法和要求

(一)总结的写作方法

总结的结构一般分为以下三部分。

1.标题

总结的标题常常直接点出文章的主题,要求写得朴实、具体、明确,如《做好纪检信息工作的实践与体会》。从形式上看有公文式标题和新闻式标题两种。

(1)公文式标题

一般由单位名称、适用时间、内容和文种构成,如《200×年××学院财务处工作总结》(见例文3-3);也可省略单位名称,如《200×年第一季度生产总结》;甚至可省略单位名称和时限,直接写成"工作总结"、"学习总结"等。

(2)新闻式标题

这种标题直接提示总结的中心,有的是单标题,如《苦练内功求实效 创建特色上台阶》;有的是双标题,由正标题提示中心主旨,副标题加以补充说明,如《新解放、新跨越、新崛起——"三新"大讨论第一阶段工作总结》(见例文3-4)。

2.正文

这是总结的中心部分,一般有以下几方面的内容:

（1）基本情况概述

又叫前言。主要是通过简要介绍工作的基本情况、过程和结果,交代在什么情况下做了什么工作,采取了哪些措施,取得了哪些成绩等,给人总体印象,从而为主体部分展开做好铺垫。总结的前言在表达上,可以是一个或几个段落,一般要求写得简明扼要,高度概括。

（2）主要成绩、做法和体会

这是全文的主要内容和重点,也是总结的目的所在。这部分应实事求是、具体、详细地阐述工作中取得的主要成绩、做法和具有典型意义的经验、体会,分析取得成绩的主客观原因。在总结中写做法,是为了说明经验,即"寓经验于做法之中",必须有典型事例。至于总结经验,既不能就事论事,忽略了理论分析,又不能空发议论,没有具体材料。

撰写这一部分,特别要注意内容的归类和层次的安排,使之观点鲜明,重点突出,条理分明。为了阐述清楚,可采用分条列项的写法,分成几点或几个方面来写。

（3）存在问题和教训

在总结成绩、经验的同时,还要找出差距,指出工作中存在的问题和教训,并分析其原因,以期达到吸取教训,克服缺点,改进工作,继续前进的目的。这部分一般都写得较为简单,提纲挈领,点到为止,不必详细展开。

正文的后两部分的写法,一般是夹叙夹议,有情况的叙述,有理论的分析,从具体事实上升到理性认识。

（4）今后努力方向

总结过去,是为了把下一阶段的工作做得更好。因此,在总结经验、教训的基础上,针对工作中存在的问题,提出今后的工作设想和努力方向,这也是必不可少的。有时还可与问题、教训结合起来写。表述时总的来说是粗线条的,否则就变成订计划了。

总结的具体写法,因总结的目的和内容的要求不同而富于变化。正文的四个部分,在写作时可以灵活排列组合,不必面面俱到,其详略取舍应视实际内容和需要而安排。如以总结成绩、经验为主的,则可将缺点、教训略写或与今后努力方向并为一个部分;有的甚至不写缺点、教训部分。

总结正文通常运用以下一些结构形式:

（1）板块式。这是总结最常用的结构形式。把全篇分为若干板块,即基本情况、主要成绩和经验、存在问题和教训、今后努力方向等。为使层次清楚,每个板块可用小标题、段首句、序号等。这种结构形式整体性较强,容量较大。

（2）条文式。即在开头部分简略地概述情况,然后把总结的主要内容按其性质和主次,分成若干部分,使用"一、二、三……"的序号逐条排列,边叙述、边分析、边归纳出经验和教训。采用这种结构方式,各条之间逻辑关系清楚,层次分明,适用于专题性总结。

（3）小标题式。即围绕主旨,把正文分为若干部分,分别列出小标题,每个小标题都是对每个部分中心内容的概括。这些小标题鲜明、醒目地显示出总结各部分的主要内容,使人一目了然。这种结构方式灵活自由,概括性强,中心突出,脉络清楚,适用于综合性总结。

（4）全文贯通式。一些内容简单、篇幅短小的总结,从开头到结尾,既不用小标题,也不分条列项,而是围绕主旨,叙述情况,总结经验,找出差距。全文结构紧凑严谨,一气呵成。内容简单的专题性总结、个人总结等,宜采用这种形式。

无论采用哪一种结构形式,都要以有利于全面、深入地表现总结内容为根本原则。

3. 落款

总结的落款,一般在正文右下方写明总结的单位名称或个人姓名以及总结日期;也可在标题下正中或偏右处署名。

(二)总结的写作要求

1. 要坚持实事求是的态度

实事求是是写好总结的重要原则,因此,一定要从实际出发,如实反映工作中的成绩、缺点,正确评价工作中的经验教训,不夸大、不溢美、不隐恶,避免绝对化、片面性。

2. 要总结规律性的东西

总结要善于从取得的成绩和出现的问题中寻根究底,不能只是罗列现象、堆砌材料,而应当对实践中的成功与失败、成绩与缺点进行分析研究,把感性的、分散的印象上升为理性认识,从而归纳带有规律性的东西。可以说,能否找到和反映出规律性的经验教训,并提炼为明确的观点,是衡量一篇总结质量高低的重要标志。

3. 要充分占有材料

总结是对实践情况的检查和分析,它的基本内容就是反映实践过程的各式各样的材料。因此,撰写总结要全面掌握情况,充分占有材料,对本单位历史的、现实的,点上的、面上的,直接的、间接的,静态的、动态的材料都要了解;至于作者平时的观察、调查和工作实践,也是重要的材料线索,也要认真掌握。这些都是写作的基础,是得出结论、寻找规律的依据。

4. 总结与计划的异同

总结与计划都是搞好工作的重要环节,两者相互制约、相互促进。一般来说,总结根据计划来进行,也就是总结所制订的计划的执行情况;而计划也要在总结的基础上来制订。但是它们的区别也是很明显的:

(1)在时间上,计划是在工作开始之前,对未来行动的部署或安排;总结是在工作结束之后,对过去所做工作的评价、鉴定。

(2)在内容上,计划要求回答的是在未来一定时期内要"做什么"和"怎么做";总结则要求回答在过去一段时期内已经"做了什么"和"做得怎么样"。

(3)在形式上,计划是完成一定任务所要采取的措施、步骤,因此重在叙述、说明;总结则是对计划完成情况的总检查、总分析、总评价,因此重在叙述、议论,通过叙述、议论作出理论概括。

【例文3-3】

200×年××学院财务处工作总结

财务处在院党委的正确领导下,依靠全体同志共同努力,以求真务实的工作作风,为学院的建设和发展提供了优质的服务,较好地完成了各项工作任务,在平凡的工作中取得了一定的成绩。现就200×年度财务处工作简要总结如下:

一、合理安排收支预算,严格预算管理

单位预算是事业单位完成各项工作任务,实现事业计划的重要保证,也是单位财务工作的基本依据。因此,认真做好我院的收支预算具有十分重要的意义。为搞好这项工作,根据学院的发展实际,既要总结分析上年度预算执行情况,找出影响本期预算的各种因素,又要客观分析本年度国家有关政策对预算的影响,还要广泛征求各部门意见,并多次向学院领导汇报,在现有条件下,在国家政策允许范围内,挖掘潜力,多渠道积极筹措资金,本着"以收定支,量入为出,保证重点,兼顾一般"的原则,使预算更加切合实际,利于操作,发挥其在财务管理中的积极作用。先由财务处提出初步意见,后经校党委开会认定,较圆满地完成了预算编制任务。在实际执行中,严格按照预算执行,不得随意调整预算,确因特殊情况,需经党委研究决定,充分发挥了资金的使用效益,确保了学院各项工作的顺利完成。

二、加大对学费的收缴力度,认真搞好收费工作

学费是学院事业收入的重要来源,加强对学费的收缴力度,无疑将对学院各项事业的发展提供了及时可靠的保障。由于收费政策的改变和今年大幅度扩招,收费工作成为财务处一项经常性的工作,加之大多学生来自农村贫困地区,这样给财务处收费工作增加了不少任务和难度,特别是新生报到的几天,财务处同志更是全力以赴,齐心协力,发扬连续作战、吃苦耐劳的精神,较好地完成了收费任务。对老生的学费收缴,财务处积极和各系室配合,进行催收,在学生放暑假前,印发给每位学生缴费通知单,以便开学时缴纳学费,经过全处同志的共同努力,此项工作取得了一定的成效。

三、积极做好对应收款的清理工作

应收款主要是教职工出差和购物所借款项,这部分借款如不及时进行清理,就不能够真实反映经济活动和经费支出,甚至会出现不必要的损失,为此我们采取积极措施加以管理和清算。一是要控制应收款的资金额度。二是要缩短应收款的占用时间。三是要及时对应收款进行清理、结算。针对一些一直拖欠的教职工,采取见面打招呼,让其及时结账清算。若仍不能进行清还,则每月从工资中扣还一部分,直至把借款清完。虽然这样做,有些同志不太理解,但对于工作,我们是尽职尽责的。由于采取了这些有力措施,应收款的清算工作还是有成绩的。

四、加强对固定资产的管理

固定资产是学院开展教学业务及其他活动的重要物质条件,其种类繁多,规格不一。在这一管理上,很多人长期不重视,存在着重钱轻物、重采购轻管理的思想。为加强这方面管理,财务处在平时的报销工作中,对那些该记入固定资产而没办理固定资产入库手续的,督促经办人及时进行固定资产登记,并定期与校产科进行核对,确保账实相符。通过清查盘点能够及时发现和堵塞管理中的漏洞,妥善处理和解决管理中出现的各种问题,制订出相应的改进措施,确保了固定资产的安全和完整。

五、重视日常财务收支管理

收支管理是一个单位财务管理工作的重中之重,加强收支管理,既是缓解资金供需矛盾,发展事业的需要,也是贯彻执行勤俭办一切事业方针的体现。为了加强这一管理,财务处建立健全了各项财务制度,这样财务日常工作就可以做到有法可依、有章可循,实现管理的规范化、制度化。对一切开支严格按财务制度办理,对一些创收积极进行催收,使得学院能够集中财力办事业。通过财务处认真落实执行,收效非常明显,在经费相当吃紧的形势下,既保证了教学等一系列正常业务活动和财务收支健康顺利地开展,又使各项收支的安排使用符合事业发展计划和财政政策的要求,极大地提高了资金的使用效益,达到了增收节支的目的。

六、积极搞好学院的贷款工作

为了学院的长远发展,在省交通厅和省教育厅的大力支持下,学院提出了"专升本"的宏伟计划,为实现这一蓝图,弥补发展经费不足,学校积极联系申请贷款,在这一活动中,财务

处同志做了大量工作,北上北京,南下武汉等地,但由于其他方面的原因,学院原设想的贷款计划未能落实。但财务处全体同志并没有灰心丧气,而是在这艰难困苦的工作中更加充满斗志,对贷款的成功满怀信心。同时对学生助学贷款工作,财务处积极和学生处合作,联系提供贷款银行,为学生助学贷款做了积极的工作。

七、认真做好年终决算工作

年终决算是一项比较复杂和繁重的工作任务,主要是进行结清旧账,年终转账和记入新账,编制会计报表等。财务报表是反映单位财务状况和收支情况的书面文件,是财政部门和单位领导了解情况、掌握政策、指导学院预算执行工作的重要资料,也是编制下年度学院财务收支计划的基础。所以财务处非常重视这项工作,放弃周末和元旦假期的休息时间,加班加点,认真细致地搞好年终决算和编制各种会计报表。同时针对报表又撰写出了详尽的财务分析报告,对一年来的收支活动进行分析和研究,作出正确的评价,通过分析,总结出管理中的经验,揭示出存在的问题,以便改进财务管理工作,提高管理水平,也为领导的决策提供了依据。

八、定期举办业务培训班,提高业务素质和能力

财务处针对高校发展的新形势和出现的许多新情况、新问题,为了提高全校会计人员的应对能力,于今年上半年举行了一次会计业务基础知识培训,通过培训,提高了大家的业务素质和理论水平,增强了分析问题和解决问题的能力,受到了大家的欢迎,得到了校领导的肯定,效果比较明显。

九、修订完善各项财务管理制度

针对财务管理出现的新情况、新问题,也为了使学院的财务管理工作更加规范化、制度化、科学化,财务处对学院原制定的财务管理制度进行修订、完善,如修订的《进一步加强对暂付款管理的规定》、《关于加强支出管理和审批权限的规定》等,通过对财务制度的修订完善,无疑将对学院的财务管理工作上水平、上台阶起到强有力的保障作用。

总之,在200×年,财务处做了大量卓有成效的工作,这与院党委的正确领导和同志们的艰苦奋斗是分不开的,在新的一年里,我们将更加努力工作,发扬优势,改正不足,以勤奋务实、开拓进取的工作态度,为学院的建设和发展贡献我们的力量。

××学院财务处
二〇〇×年×月××日

【例文3-4】

新解放、新跨越、新崛起
——"三新"大讨论第一阶段工作总结

全市"新解放、新跨越、新崛起"大讨论活动开展以来,市旅游局党组在市解放思想大讨论活动领导小组的正确领导下,结合我局工作实际,认真安排部署。现学习第一阶段已经结束,达到了学习讨论氛围浓厚,思想触动深刻,工作革新力度较大,完成了此阶段的学习目标任务,取得了较好的成绩,为查摆问题、整改提高等工作的顺利开展打下了坚实的基础。现将第一阶段有关工作开展情况总结如下。

一、第一阶段的主要做法

(一)高度重视,迅速行动。5月23日,市解放思想大讨论活动动员大会召开以后,市旅

游局党组高度重视,局党组书记、局长张玲立即组织召开党组会议,专题传达贯彻会议精神,研究部署我局的解放思想大讨论活动工作,并提出一定要按照市解放思想大讨论活动领导小组的统一要求,高起点、高质量抓紧抓好这项活动。

5月26日,我局组织召开全体党员干部会议,传达市委解放思想大讨论活动动员会议精神,特别是化书记在动员大会上的讲话精神,党组书记、局长张×在动员会上作了动员讲话,要求局系统全体党员干部把思想统一到全市解放思想大讨论活动的部署上来,立足本职岗位、立足旅游行业,加强思想解放,理清发展思路,谋划全市旅游业又好又快发展。

(二)加强领导,明确责任。为了加强对解放思想大讨论活动的组织领导,市旅游局成立了解放思想大讨论活动领导小组,党组书记、局长张×任组长,党组成员、调研员侯××任副组长。领导小组明确了具体的工作机构、工作人员和工作职责,形成了层层抓落实的责任体制。制定了《市旅游局"解放思想、深化改革、扩大开放、加快发展"大讨论实施方案》,制订了第一阶段的学习计划,明确了学习内容和学习时间,并下发到各科室和二级单位。领导小组办公室严格按照学习计划,认真抓好学习阶段各项活动。

(三)精心组织,深化学习。在广泛、深入的思想发动的基础上,市旅游局解放思想大讨论领导小组办公室严格按照学习计划,精心组织广大党员干部认真学习党的十七大报告有关章节、徐××书记在黄淮四市发展工作会议的讲话、市委二届五次全会精神、市委书记化××、市长刘××同志在全市项目建设工作会议上的讲话和《×××日报》5月7日、8日、9日刊发的评论员文章等内容,使学习内容和时间得到有效落实。我局还以×××市旅游发展规划评审为契机,邀请省内外旅游专家到我市实地考察,为我市旅游业发展把脉问诊。

另外,我们还采取集中学习、专题辅导、开座谈会、上党课等形式,调动广大党员干部的学习积极性。在学习过程中,领导带头做好学习笔记,撰写心得体会。通过学习讨论,旅游系统党员干部达到了学有所获、学有所得、思想解放、提高素质、促进工作的目的。

二、第一阶段取得效果

总体来看,市旅游局第一阶段领导重视、组织到位、措施得力、学习纪律严、学习内容全、学习效果实。一是思想认识有了新提高。市旅游局广大党员干部对市委组织开展解放思想大讨论活动的必要性和深远意义有了更深层次的理解,认识更加明朗,大家一致认为开展解放思想大讨论活动切合×××发展实际,抓住了阻碍×××发展的要害,特别是对化书记提出的"以科学发展论英雄,以项目建设论政绩,以招商引资论本领,以贡献大小论奖惩"的认识有了进一步提高。二是广大党员干部作风有了新转变。在第一阶段学习讨论中,市旅游局广大党员干部针对思想、工作、作风上存在的问题深入开展讨论,自觉进行整改,以往那种工作拖沓、被动应付、敷衍塞责、推诿扯皮的现象少了,广大党员干部的发展意识、服务意识、大局意识、创新意识、为民意识显著增强。三是战斗力、创造力和凝聚力有所增强。广大党员干部把发展旅游经济、做大做强旅游产业、开创×××旅游业新局面作为共同奋斗目标,实现了思想上、认识上、决策上、工作上空前统一。四是旅游各项工作有新起色。全市旅游发展规划顺利通过专家组评审,旅游宣传促销成效明显,旅游行业健康稳定,旅游接待人次数和旅游收入稳步增长。

三、基本经验

一是领导带头,表率作用突出。二是准备工作充分,层层发动扎实,广大党员干部投入,学习氛围浓厚。三是组织得力,责任明确,措施有效,保证了学习讨论任务落实。四是紧密联系实际,推动旅游各项工作顺利开展。五是解决学习、工作矛盾,使工作学习两不误、两促进。

四、存在的一些问题

第一阶段学习虽然取得了一定实效,但也掩盖不了一些问题:一是学习讨论不够深入系统;二是学习方法创新不够;三是学习讨论的深度有待提高等。这些问题我们将在以后的学习讨论中加以整改,真正使解放思想大讨论活动不断提高完善。

五、扎实做好查找问题阶段的各项工作

按照《解放思想大讨论活动方案》要求,从6月20日开始到7月20日,解放思想大讨论活动转入查找问题、制订整改措施阶段,这一阶段共安排一个月时间,主要任务是深入查找不符合、不适应科学发展的思想问题,查找障碍、限制发展的做法、规定和体制,查找我局党员干部在思想作风、工作作风、学风、领导作风等方面存在的突出问题,特别要注意查找在解放思想方面存在的突出问题,真正把问题找准,把根源剖析透。市旅游局将认真按照方案要求,紧密联系实际,落实各项措施,再一次在党员干部和群众中深入广泛的发动;坚持开门搞教育,广泛征求群众意见,以便找准问题的症结所在。每一位党员干部都要对照化书记提出的"以科学发展论英雄,以项目建设论政绩,以招商引资论本领,以贡献大小论奖惩",全面查找自身在思想、工作和作风等方面存在的问题,剖析思想深挖根源,使每一名党员干部都有较大的提高。对反映出来的问题,各位党员干部都要把自己摆进去,查找原因,总结教训,要召开民主生活会进行批评和自我批评,要扎实做好查找问题、整改提高阶段的各项准备工作,稳步推进解放思想大讨论活动在旅游系统不断深入。

第三节 调 查 报 告

一、调查报告的概念、特点和种类

(一)调查报告的概念

调查报告,确切地说,该叫"调查研究报告",就是经过深入细致的实地调查和认真严肃的分析研究以后写出来的反映客观事物本质,揭示其规律的书面文体。常见的"调查"、"调查记"、"调查汇报"、"调查综述"、"情况调查"、"考察报告"等,都是调查报告的别称。

(二)调查报告的特点

调查报告是一种常见的应用文体,也是新闻报道的一种体裁,它有以下三个特点:

1.政治上配合中心任务

调查报告是阐明党的方针、政策,指导和推动当前工作的,这就要紧密配合发展的新形势,根据党的中心工作和任务的需要,有针对性地提出新问题、反映新情况、总结新经验、推广新典型,使读者正确认识形势,理解和执行党在各个时期的方针、政策。

2.行文上运用事实说话

调查报告是对客观事物调查的结果的反映。事实是调查报告的重要内容,这就要先取丰富、生动的材料,用事实说话,凭事实讲理,并从典型事实叙述中表达观点,使读者有一种亲切、具体的感觉。

3.内容上要求系统完整

调查报告的容量较大,涉及面较广,要有比较系统和完整的事实材料,只有这样,才能深

入地阐述和剖析问题,反映本质,得出令人信服的结论,使读者对问题有全面清晰的认识。

(三)调查报告的种类

按照调查报告反映的内容,大致可分为以下五种类型:

1. 介绍典型经验的调查报告

这种调查报告着重介绍具有普遍意义的典型经验,有较强的针对性和政策性,对指导和推动工作起着重要作用。如《农产品"精深加工"让农民得实惠——来自湖北襄樊市粮油加工产业的调查》(见例文3-5)一文,详细介绍了湖北襄樊市大力发展农产品精深加工,通过整合资产、扶持龙头企业,产生了梅园米业等一批"农"字号企业和品牌。该市在农产品加工产业进行了"重在深加工"、"打造农业品牌闯市场"和"建设粮食物流中心"等有益探索,推进农业产业化,在加工上实现新突破。对其他省市的农产品加工产业很有借鉴意义。

2. 反映基本情况的调查报告

这种调查报告着重对某一方面的现实情况进行调查,为有关部门了解情况、研究问题、制订政策或计划,提供依据和参考。如人力资源和社会保障网供稿(2010年3月26日)的《大学毕业生工资调查透析》一文反映了大部分生产技能岗位的工资水平稳步增长。因此,具备一定理论知识且有较强实际操作能力的毕业生继续受到企业青睐,工资水平稳步增长。

3. 研究探索问题的调查报告

这种调查报告侧重反映一个值得研究或探索的问题,通过对具体事实的分析,在找出原因的基础上,提出切实可行的意见、建议,以引起有关部门的关注。

4. 揭露问题的调查报告

这种调查报告着重用调查到的大量事实,揭露存在的某一问题,并分析原因,点明性质,归纳、总结教训,教育人们引以为戒。如《半月谈》曾刊登一篇题为《老师,放下你的拳头——对一起体罚学生事件的调查》揭露了××省××县城关镇第三初级中学有的教师体罚学生而又认为"不是什么大不了事"的严重情况,指出这不仅是个师德的问题,实际是侵犯了青少年合法权益的违法行为,并呼吁全社会要重视、关注此类事件,依法治教,爱护学生,保护未成年人的合法权益。

5. 科学研究实践的调查报告

这种调查报告着重就某一项科学研究实践进行调查、分析,反映情况,总结成果。如刊登在1999年6月14日《经济日报》上的《灵芝抗癌——来自中国癌症研究基金会的调查报告》一文,通过对中华灵芝宝的科研、生产全过程的考察,调查了中华灵芝宝抗肿瘤疗效,目的是进一步探索和推进灵芝药品的研究与开发,努力使中华灵芝宝尽快走出辅助治疗的水平,成为人类战胜肿瘤的良药。

二、调查报告的写作准备

写调查报告,首先要作调查研究,而调查研究的过程,无非是掌握材料、分析材料、选材料,找出规律性的东西,得出正确结论的过程,这是必须要做好的准备工作。

(一)深入调查,充分地掌握材料

调查研究是写好调查报告的基础、前提和先决条件。调查研究所用的时间,一般来说,要比写调查报告的时间多,俗话所说的"调查"好比"十月怀胎","写作"犹如"一朝分娩"就是这个道理。为此,要搞好调查研究,必须深入下去,作一番身临其境的实地调查,才能充分地掌握大量的第一手材料。古人云:"夫耳闻之不如目见之,目见之不如足践之,足践之不如手辨之",不能只在办公室里听听汇报,翻翻记录,看看材料,打打电话,一定要走出办公室,到基层、到群众中去,切忌"昂首望天"、"居高临下",以"调查者"自居。只有热情对待被调查者,并注意调查方法,才可能获得大量材料。

(二)认真研究,科学地分析材料

调查的目的是为了研究问题,得出科学的结论。因此,对于调查得来的材料,不能"拾到篮里都是菜",要以实践作为检验真理的唯一标准,对材料进行科学的分析和综合的研究,去粗取精,去伪存真,鉴别主次,明辨是非,因为调查得来的有些材料可能是零碎的、直感的,需要分析研究,上升到理论上去。有时,由于调查对象的思想、生活局限,提供的材料不一定符合客观实际,这就更加需要科学的分析研究,以防一叶障目,用现象代替本质,以偏概全,用局部代表全部的倾向。做到从偶然中见必然,从现象中抓本质,确保调查结论的真实性、准确性和典型性。

(三)明确观点,精心地选择材料

调查时掌握的材料越多越好,在选择材料时,要越精越好。

要选择典型事例。材料有无典型意义,主要看是否有代表性,能否有力、贴切、生动地说明观点。有些貌似平凡、细小的材料,只要典型,同样有价值,因为"一滴水可以反映太阳的光辉","于细微处见精神";同时,材料的质地精粗,比量的多寡更为重要。

在材料运用中,要提供确切的数据和学会对比的方法,这样就更能说明观点。因为精确的数字统计可以准确地揭示事物的本质和规律,反映事物变化和发展的速度,具有很大的概括力、说服力和表现力。对比的方法,使观点更为突出,更加鲜明,具有很强的说服力,给人以强烈的印象和深刻的教育。

三、调查报告的写作方法和要求

(一)调查报告的写作方法

调查报告的结构,一般没有统一的模式,但也有一些基本的写作框架。

1. 标题

调查报告的标题像总结一样常常直接点出文章的主旨,讲明调查对象和内容,因此也要求写得朴实、具体、明确。从形式上看,调查报告的标题有两种类型:一种是公文式标题,在标题中表明文种,如《沈阳市社区建设的调查报告》。一种是新闻式标题,即根据调查报告的内容概括出标题,其中有的是单标题,如《一场触目惊心的"发票游戏"》;有的是双标题,除正标题外还加副标题,一般是正标题点明文章的主旨,副标题讲被调查的对象,如《班子硬,企业兴——青岛港务局领导班子情况调查》。为了使调查报告生动、引人,有些标题对于调查内容和主题的揭示还注意到语言的形象化,例如《深情亲沃土——松江县新桥镇春申村党支部建设"凝聚力工程"的调查报告》、《百花吐芳香何来——越剧发展现状调查》等,都比直叙其事的标题更加生动活泼,富有感染力。不过,这类标题一定要加上副标题,否则,就更像是通讯、特写或报告文学的题目而不像调查报告了。

2. 正文

这是调查报告的主体,一般分三部分。

(1)开头部分,要求开门见山,提纲挈领,紧扣主旨。有的是点出调查的目的,要调查和解决的问题;有的是简要介绍被调查单位的概况;有的是概括被调查单位所取得的成绩、经验或存在的问题、教训;有的是提出一个大家关心的问题或一件引人注目的事情;有的是叙述所调查事情的发生、发展、变化过程;有的是说明调查的全过程,包括调查的时间、地点、方法、对象、范围等。

(2)主体部分,按照内容,一般有四种写法:一是按照事物性质归类,并列地从几个方面来组织材料的"横式结构",也称"并列结构";二是按照事物发生、发展的先后顺序安排材料,分成几个互相衔接的层次,层层分析说明的"纵式结构",这种结构能使文章脉络清楚,有助于读者了解事情的来龙去脉;三是遵循作者或读者认识活动的规律,从事物的外部情况入手,逐层深入地揭示事物的内在联系的"递进式结构",这种结构有助于读者由外到内、由浅入深地洞察事物的本质;四是兼用上述几种结构,相互交错、穿插配合,称之为"综合式结构"。

(3)结尾部分,要求简明扼要,意尽即止。有的是对调查的情况再作概括性的说明,以深化主旨,加深读者的印象;有的是表示决心,展望远景,充满必胜的信念;有的是指出问题,找出差距,决心迎头赶上;有的是提出新的见解、理论或参考的意见,引起读者的深思;有的是在主体部分没有讲到,而作为完整的意思,应该在结尾处说一说的情况和问题;有的是主体部分讲完,文章结束,结尾也就省略了。

3. 落款

一般在标题下正中或偏右处写明调查者的名称,也可写在落款处右下方,并写明日期。

(二)调查报告的写作要求

1. 要使观点和材料统一起来

做到用观点统率材料,用材料说明观点,切忌罗列一大堆表面现象,空发一大通议论,而缺少具体材料的毛病,也要避免对材料舍不得割爱或不善于剪裁,致使材料芜杂、枝蔓丛生的缺点。

2. 要体现本单位、本部门的特色

抓住本单位、本部门最能反映客观事物本质的观点,用特殊来反映一般,用个性来反映共性,切忌千篇一律,千人一面,千部一腔,毫无特色。那种只要换个单位名称,都可以适用的调查报告是没有生命力的。

3. 要坚持实事求是的态度

对于成绩和问题,优点和缺点,经验和教训,都要实事求是,从实际出发,如实反映,切忌过头话,防止片面性,反对绝对化,不要把好的说得一无缺点,差的一无是处。

4. 要反复推敲,准确地使用语言

调查报告的语言要准确、简明,用词要恰如其分,注意分寸,切忌用模棱两可的词语;不要讲空话、大话、套话。但也要注意语言的形象性,适当运用一些群众喜闻乐见的语言和修辞格,使调查报告更具感染力和说服力。

四、调查报告与总结的异同

调查报告和总结在写作上有许多相通之处,特别是介绍典型经验的调查报告和专题性的工作总结,无论从反映的内容或表达的形式上来看,都非常接近。这两种文体的相同点表现在:它们都是紧密配合形势,宣传党的任务,有较高的政策性;抓住点上材料,推动面上工作,有较广的指导性;运用事实说话,揭示事物本质,有较强的针对性。其不同点,主要表现在：

(一) 从取材的范围看

调查报告反映的面较广,可以推广经验,可以反映情况,也可以研究、揭露问题。而总结往往是总结本单位某个阶段贯彻执行党的路线、方针、政策的情况,或某项工作的具体经验。

(二) 从反映的内容看

调查报告比较集中地说明一个问题、一项事情,或是阐述成绩,或是揭露矛盾,一般不是既全面写成绩,又详细写问题的。而总结一般要考虑全过程,既要有基本情况的回顾,又要写取得的成绩、经验、存在的问题和教训,还要写今后的努力方向,这些方面都要有所交代,当然也要注意重点突出,主次分明,详略得当。

(三) 从反映的时效看

一般来说,调查报告配合形势的宣传要比总结迅速、及时,因为总结要到一定阶段才能撰写。

(四) 从使用的人称看

调查报告通常是调查组或记者来采写别单位的,常常用第三人称。而总结通常是本单位自己动笔撰写的,常常用第一人称。

【例文3-5】

农产品"精深加工"让农民得实惠
——来自湖北襄樊市粮油加工产业的调查

《经济日报》记者　魏劲松　通讯员　杨　戈　涂玉国

以工业化理念、产业化思路谋划农业。湖北襄樊市大力发展农产品精深加工。通过整合资产、扶持龙头企业,襄樊产生了梅园米业等一批"农"字号企业和品牌;立足粮油种植优势招商引资,使襄樊成功引进了鲁花、雨润、光明、正大等知名企业。

以占全国0.34%的耕地,产出全国1%的粮食;全国20个大型商品粮基地、全国十大夏粮主产地之一,连续6年粮食增产。

湖北省襄樊市委书记唐××说:"襄樊农产品加工企业实力不强,优势产品稀缺,在全国叫得响的品牌极少,这与襄樊'粮油大户'的地位不相称。"唐××说,农业资源重在深加工。襄樊农业的优势和潜力,关键要在推进农业产业化上下功夫,而加快农业产业化关键要在加工上实现新突破。

农业资源重在深加工

4月16日,湖北省最大的粮油加工集团——湖北中储粮梅园集团正式挂牌成立。

湖北中储粮梅园集团由湖北梅园米业有限公司等4家国家及省级农业产业化龙头企业战略重组而成,年加工大米60多万吨,年产值13.58亿元。

"如果只生产初级产品,农民怎能致富?"被誉为襄樊"老农业"的市农办副主任姚××介绍说,过去,衡量一个地区的农业地位,农产品产量,特别是粮食产量是主要指标。按这一标准,襄樊在全国排得上名次。但是襄樊农产品加工企业多规模小、品牌多而杂、低水平竞争效益差,还停留在"稻谷打成米、小麦磨成面"的初级阶段,带动不了农民增收。

为此,襄樊市委、市政府提出以工业化理念、产业化思路谋划农业,由过去种粮食向"种工厂"转变,大力发展农产品精深加工,延深产业链条,打造千亿级农产品加工产业。

襄樊市的农业产业化愿景与中储粮系统实现北方"北京三河"、中部"湖北梅园"和南方"湖南盛湘"的大米生产加工战略布局不谋而合。中央储备粮襄樊直属库副主任官××说。

官××告诉记者,襄樊市和中储粮湖北分公司将采取股份合作、贴牌经营等方式,整合襄樊大米加工业,实现集团化、规模化发展,打造中国粮油加工大企业,今年在已重组4家企业的基础上,再选择10家到20家年加工能力3万吨以上的稻米加工企业进行贴牌、控股,使集团稻米加工规模提升到120万吨以上,实现销售收入30亿元。通过3年到5年努力,使集团大米加工规模提升到200万吨以上。在此基础上,对襄樊面粉、油脂等相关产业进行整合,使集团年销售收入突破百亿元,全面提升襄樊粮油产品在全省乃至全国市场的知名度和占有率。

"这是一个'皆大欢喜'的结局。"对于此次整合,梅园米业总经理周×感触颇深:"经过多年发展,梅园系列产品虽已覆盖了20多个省市,年销售额过10亿元,可是在粮食市场低迷的时候,我们的产品就拼不过那些'大品牌'了。要改变这种状况,只有依托已经形成的'梅园'品牌,与中央储备粮襄樊直属库的粮源优势、资金优势、政策优势、管理优势充分结合起来,强强联手,共同将'梅园'做大做强。"

周×说,重组后的梅园集团实行"订单+农户"的运营模式,对订单基地实行科学规划、技术培训、优质品种、栽培方式、配方施肥、病虫防治、机收机脱、收购储存"八统一";并与贴牌企业实行品牌名称、质量标准、市场开发"三统一",建立完善的现代企业制度运行机制。

以此次重组为范本,襄樊还将继续整合大米、面粉、油料和木林等5大农产品企业,实行统一品牌、统一质量、统一包装、统一经营,抢占全国农产品市场,到2013年实现农产品加工过千亿的目标。

阳春时节,襄樊老河口市的双低油菜黄灿诱人,湖北奥星粮油工业有限公司董事长梁××谋划着自己50万吨油菜籽加工厂房开工。

打造农业品牌闯市场

和油菜籽打了20年交道的梁××,过去一直做菜籽的生意,他发现,油菜籽产量连续14年全国第一的湖北,竟然没有一个像样的粮油加工品牌企业。品牌的缺失让梁××看到了商机。

"我可以把农户吸引到基地来,按照统一的方式种植,再通过工艺创新,提高油的品质。"梁××说。

从"农田"到"餐桌",首先要解决的就是标准化生产的问题。梁××请来中国农科院专家对菜籽油进行改良,研制出可与橄榄油媲美的双低菜籽油;为解决原料问题,奥星公司与农户合作建立基地,让祖祖辈辈种植油菜的农户按照公司制定的标准进行种植。在企业得到发展的同时,也在湖北建立起130万亩双低油菜种植基地,为农户提供保障。

"过去价格没有保证,不敢种,现在有订单、有种子,销售也不用操心,种油菜一亩500元的纯收益很稳定。我家8亩地,油菜收了还能再种一季优质稻,一年粮油的纯收入过万元。"老河口市李楼镇李楼村三组村民李××给记者算了一笔账。

从种植到加工,从开发到营销,奥星粮油完成了一个农产品品牌打造的全部工作。2007

年,公司投产当年就实现销售收入4亿元。如今,奥星菜籽油已经进入国内4000家大型超市。2009年,奥星菜籽油成为首个进入湖北省内超市的本地菜籽油品牌。

除此之外,香米、麻油等襄樊精加工的农产品也陆续摆上超市的货架。"现在我们有67家企业的几百种农产品进入超市;30多种农副产品出口韩国、日本、东南亚、西欧、美国、南非等国家和地区。"姚××说。

农产品精深加工思路和强烈的品牌意识,使襄樊这个农业种植大市实现了"华丽转身"。通过整合资产、扶持龙头企业,襄樊产生了梅园米业、襄阳大头菜等一批"农"字号企业和品牌;立足粮油种植优势招商引资,使襄樊成功引进了鲁花、雨润、光明、正大等知名企业。2009年全市农产品加工业实现跨越式增长,产值达到460亿元,比上年增长58.7%。今年一季度全市农产品加工业产值155亿元,同比增长26%。

襄樊是全国仅有的两个地级吨粮市和20个重点商品粮基地之一。然而,受产业链条短、物流不畅、粮食品质不高等因素影响,襄樊至今还称不上粮食强市。

建设粮食物流中心

"粮食物流不畅和品质不高,更是阻碍粮食转化为效益的致命因素。"襄樊市粮食局局长汪××告诉记者,襄樊是铁路枢纽,但由于种种原因,粮食多靠汽车运输,相比火车而言,汽车每公斤成本要高0.2元左右。

"襄樊粮油加工产业潜力巨大。"汪××给记者算了一笔账,2009年,襄樊粮食总产量41亿公斤,其中商品粮在26.5亿公斤左右。按照目前市场价格,原粮价值将达40亿元以上。

如果经过初级加工,小麦变成面粉、面条,稻谷变成袋装米,按现在增值率计算,产值可达70亿元以上。

若精加工成面包、饺子、快餐面、饼干等食品,仅粮食加工产值就达210亿元以上。

"要实现这一切,除了大力扶持农产品加工龙头企业,产品原料的储备和流通也尤为重要。"汪××说。

这一切正在改变。4月3日,湖北省最大的油脂储备库在襄樊建成,其储备量可达3万吨。按照规划,襄樊将着力打造成湖北乃至全国重要的粮食物流中心,以期在全国粮食产业发展布局中占一席之地。

襄樊是国家规划建设的45个内陆城市散粮物流节点之一。襄樊正欲借助这一优势,筹资建设粮食物流中心,再造一个粮食物流节点。据了解,襄樊粮食物流中心投资20多亿元,占地1500亩,整个工程计划2011年完工。其中,一期工程占地10.4万平方米,包括1500米铁路专用线、1.7万平方米粮食仓库、3万吨食用油脂储备库、2万平方米批发交易市场及配套设施。

"现代粮食物流节点看似看不见、摸不着,但它会给襄樊从粮油大市迈向粮油强市增添强大后劲。"

汪××介绍说,襄樊粮油仓储及现代物流中心的建成,将有助于襄樊成为现代粮油物流的节点,成为"北粮南调"和通向中南、华南、华东、西南地区的重要粮食物流配套和承载中心。

"这一物流园区不仅仅能'吸油存粮',还将是水果、水产品、蔬菜等产品集散地。建设恒温库、冷冻库等配套设施后,襄樊农产品加工企业有了新的原料源,可以开发加工新品种,不断拉长加粗产业链。"

【例文 3-6】

大学毕业生工资调查透析

当前正值毕业生求职高峰,为给用人双方合理确定工资水平提供参考,促进毕业生就业,上海市人力资源和社会保障局近期组织开展了毕业生工资价位调查。本次调查涵盖本市 1465 户各种经济类型企业,调查对象为 2009 年毕业、工作半年以内的毕业生,有效样本为 9051 名毕业生,发布的职位数为 230 个。

月工资在 1501～3500 元的毕业生比重有所上升,从大学毕业生月工资水平分布情况看,2009 年毕业生最集中的三个工资段,分别为:2001～2500 元,占 23.3%;1501～2000 元,占 17.5%;2501～3000 元,占 14.8%。三者合计占 55.6%。

与上年比较,月工资在 1501～3500 元的各工资段比重均有所上升,其中上升幅度较大的为 2001～2500 元和 1501～2000 元,分别增加了 3 个和 1.9 个百分点。而月工资在 3501 元及以上的高工资段人数比重则有一定幅度的下降,其中 3501～4000 元和 4501 元及以上的比重均减少了 1.1 个百分点,在 4001～4500 元的比重减少了 3.2 个百分点。

大部分生产技能岗位的工资水平稳步增长。调查显示,生产技能岗位虽然是企业生产服务的一线岗位,但由于其直接承担了生产、制造、加工、服务等关键工作环节,往往是企业内不可或缺的重要基础性岗位。因此,具备一定理论知识且有较强实际操作能力的毕业生继续受到企业青睐,工资水平稳步增长。

反映在具体岗位上,2009 年大部分生产技能岗位的工资水平都有不同程度的增长。如,车工的月工资中位数为 1842 元,比上年增长 10.1%;电焊工为 2045 元,增长 14.6%;钳工为 2617 元,增长 13.8%;药物分析工为 2182 元,增长 14.7%;模具制造工为 2460 元,增长 20.6%。

相对于其他一般管理岗位,财会、人事、翻译类岗位的专业性较强,部分企业还需要有从业资格,就业"门槛"相对较高。调查显示,2009 年财会、人事、翻译类的大部分岗位工资水平有所上涨。如,会计的月工资中位数为 2619 元,比上年增长 4.8%;预算分析人员为 2565 元,增长 9.9%;人事专员为 2904 元,增长 12.6%;培训专员为 3093 元,增长 14.2%;英语翻译为 2302 元,增长 4.6%。

销售、市场类岗位工资有所下降,销售、市场类岗位的特点是薪酬与业绩直接挂钩,薪酬中的固定部分比重较低。因此,2009 年的经济形势直接影响了这部分岗位的工资水平。如,销售员的月工资中位数为 2367 元,比上年下降 9.6%;外销员为 2473 元,下降 6.1%;客户服务人员为 2337 元,下降 8.7%;市场策划人员为 2736 元,下降 2.4%;市场分析人员为 2254 元,下降 22.8%。

调查显示,汽车制造、建筑类岗位的工资水平增长较快。如,车辆零部件设计人员的月工资中位数为 3863 元,比上年增长 11.5%;汽车工程分析技术人员为 6017 元,增长 17.5%;土木建筑工程技术人员为 2606 元,增长 17.4%;给排水工程技术人员为 2284 元,增长 8.8%;风景园林工程技术人员为 3484 元,增长 16.1%。

调查显示,因不同行业 2009 年受国际金融危机、宏观经济环境的影响不同,其专业技术岗位的工资变化也不同。证券保险、计算机类的岗位薪资部分岗位的工资水平出现了下滑。如,证券业务员的月工资中位数为 5243 元,比上年下降 3.9%;保险核保人员为 2839 元,下降 8.3%;计算机系统管理员为 2698 元,下降 8.5%;数据库应用人员为 2997 元,下降 20.2%;

计算机网络技术人员为 2564 元,下降 25.8%。

(人力资源和社会保障网供稿 2010 年 3 月 26 日)

一、请按自己的实际情况拟一份本学期的学习计划。

二、根据自身具体情况写一份总结。

三、结合所学专业撰写一份调查报告。

第四章 土木工程应用文

第一节 可行性研究报告

一、可行性研究报告的概念及主要内容

可行性研究大约于20世纪30年代在美国首先推行,70年代末开始在我国应用。80年代初,我国正式将可行性研究列入基建程序,规定所有新建、扩建的大中型项目都要进行可行性研究,并作为项目审批的依据。1982年2月,我国相关部门制定了《关于建设项目进行可行性研究的试行管理办法》,对拟建项目的可行性研究报告的编制程序和内容等有关问题作出明确规定。如今,可行性研究的范围进一步扩大,已进入政治、军事、经济、文化等各个领域,成为各级领导机关决策的必要环节。

(一)可行性研究报告的概念

可行性研究报告,是指在确定某一经济建设项目或科研项目之前,要从经济、技术、生产、供销直到社会各种环境、法律等各种因素进行全面的调查、研究、分析,确定有利和不利的因素、项目是否可行,风险大小、经济效益和社会效益程度,是项目实施的可行性和有效性的书面报告。

(二)可行性研究报告的主要内容

可行性研究报告的主要内容是要求以全面、系统的分析为主要方法,以经济效益分析为核心,围绕影响项目的各种因素,运用大量的数据资料论证拟建项目是否可行。对整个可行性研究提出综合分析评价,指出优缺点和建议。为了结论的需要,报告中往往还需要加上一些附件,如试验数据、论证材料、计算图表、附图等,以增强可行性研究报告的说服力。

二、可行性研究报告的作用、特点及种类

(一)可行性研究报告的作用

可行性研究是项目投资论证的重要内容,它一方面充分研究建设条件,提出建设的可能性;另一方面进行经济分析评估,提出建设的合理性。它既是项目工作的起点,也是以后一系列工作的基础,其作用概括起来有以下几个方面:

(1)作为建设项目论证、审查、决策的依据。
(2)作为编制设计任务书和初步设计的依据。
(3)作为筹集资金,向银行申请贷款的重要依据。
(4)作为与项目有关的部门签订合作协议或合同的依据。
(5)作为引进技术、进口设备和对外谈判的依据。
(6)作为环境部门审查项目对环境影响的依据。

(二)可行性研究报告的特点

1. 高度的科学性

可行性研究报告的写作是建立在科学调查、研究、预测的基础之上,运用现代化的科学技术手段和方法,不仅要阐明项目在技术上和经济上所依据的理论和原理,说明它的科学性,还要运用大量的数字、资料来论证该项目在技术上、经济上是否可行,其内容应当是科学的、客观的。

2. 严密的论证性

可行性研究报告是集体智慧的结晶,是各类专业人员共同研究的成果;其技术资料和数据应准确无误,具有明确的论证性和说服力;一般采用理论和事实相结合、宏观和微观相结合、长远和现实相结合、政治和经济相结合的方法。

3. 学科的多样性

完成可行性研究报告需要涉及多个学科。就内容而言,通常要从规模、资源、地质、环保、方案设计、工艺技术、施工组织、人员选定及经济效益、财务评价等多方面进行考察;就学科范围而言,则涉及经济学、建筑学、工艺学、工程学、行政管理学、美学以及生态学等,这就需要多学科专家和技术人员通力协作。

(三)可行性研究报告的种类

可行性研究报告的种类,一般是按经济活动对象来划分。

1. 科技类

有高科技开发、引进、运用、推广的可行性研究报告。

2. 生产类

有建设项目、开发新产品的可行性研究报告。

3. 经营类

有合资经营的可行性研究报告。

三、可行性研究报告的写作方法和要求

(一)可行性研究报告的写作方法

可行性研究报告一般由标题、正文、附件三个部分组成。

1. 标题

标题由建设单位名称、经营项目和文种三部分组成。如《××县柳蜡工艺品出口基地建设项目可行性研究报告》(见例文4-1);在未确定投资方时也可由开发新产品项目和文种组成,省略投资单位名称,如《关于开发××新产品的可行性研究报告》。

2. 正文

正文通常包括前言、主体、结论和文末四个部分。

(1)前言。主要介绍拟建项目建设的背景、依据、目的等,说明可行性研究的范围和要求。

(2)主体。主体部分是对项目可行性的分析论证,是可行性研究报告的核心部分,主要包括以下几个方面的内容:

第一,项目调查。通过分析项目现状和未来前景,考察该项目实施后的发展状况,包括对中、长期发展预测以及竞争能力等方面作出分析。如果结论是否定的,那么该项目就是不可行的。

第二,规模和方案的分析。包括对项目名称、规格(规模)、技术性能、实施计划和方案的对比分析。

第三,综合项目的说明与分析。根据项目情况,按分析说明进行逐一分析或综合分析,包括地址选择及其理由;原材料、资源配备;技术设备、工艺流程、辅助设备;组织机构设置、所需人员及培训方案;项目的实施方案、工程设计、设备订货、工程施工和验收、设备安装和调试、试生产和正式投产的时间安排和进度;现有的环境状况及工程实施后给环境带来的影响及如何控制环境污染等。

第四,资金来源分析。确定资金来源的方式,对投资数额进行估算,对资金到位的时间、资金偿还的办法、流动资金的合理安排和使用等进行分析。

第五,经济效益分析。分析投资的收支、盈亏等财务问题,评价项目的经济效益。

由于拟建项目的性质不同,所分析的内容各有不同,在进行可行性研究报告写作时应按实际情况或相关要求灵活掌握和处理。《一般工业项目可行性研究报告编制大纲》见附录二。

(3)结论。结论是对整篇研究报告内容的总结、概况。应就项目实施的可行性提出明确的结论性意见,也可对主体部分中一些较为重要的内容,如实施该项目可带来的社会效益、经济效益等加以强调。

(4)文末。文末包括落款、日期和印章。

3. 附件

很多可行性研究报告的正文之后都有一些附件,如统计图表、设计图纸、试验数据及文字性论证材料。这些材料具有很强的说服力和参考价值。

(二)可行性研究报告的写作要求

可行性研究报告对投资建设项目的必要性、技术上的可靠性、建设条件的可能性、经济上的合理性,进行考察、分析、论证,供投资者作决策,供部门作审批的依据。因此,其写作要求是:

(1)要实事求是,从实际出发,对客观条件进行实地考察和分析论证,不能任意夸大或缩小事实。

(2)内容要全面具体,资料数据要准确无误。

(3)行文条理清晰,重要内容的次序安排可以变动,但要体现逻辑性。

【例文4-1】

××县柳蜡工艺品出口基地建设项目可行性研究报告

一、总论

(一)项目提出的背景、必要性及目的意义

柳蜡工艺品生产,是××县的传统项目。目前,全县年生产能力达4000多万元,花色品种达5000多个,远销欧、美、东南亚、日本、中国香港等30多个国家和地区。

××县工艺美术公司,是一个以出口柳蜡工艺品为主的外向型企业,现有职工600人,专业技术人员占职工总人数的29.3%,其中,高级职称的2人,中级职称的25人,初级职称的149人。厂区面积67500m²,建筑面积22000m²,固定资产原值850万元。该公司有6个独立核算分厂,年出口柳蜡制品1500万元,年创汇300多万美元,出口创汇能力占全县的

40%以上,是省外贸工艺重点联营企业。该企业的柳制品,在全省质量评比中获第一名;蜡杆家具,在全国独树一帜,1989年获首届中国博览会银奖。

××柳蜡工艺虽已占领了较大的国际市场,但是当前还存在一些问题:

1. 生产工艺落后。车杆、弯曲定型、磨光等关键工序,均用手工操作。生产效率低,劳动强度大,也影响质量的提高。

2. 厂房狭窄。目前柳蜡制品生产已形成年产1100万元的生产能力,而成品仓库却仅有300m²。有时大批成品露天存放。

3. 原料缺口较大。目前虽有5000余亩柳蜡原料基地,但仍不能满足生产需要,原料缺口较大。

这些严重阻碍了我县工艺品生产的发展。为此,特提出扩建柳蜡工艺品出口基地项目,在××县工艺美术公司现有土地基础上,扩大厂房,增添部分先进专用设备,以提高生产效率和产品质量,扩大生产和出口创汇能力。

(二)研究依据及范围

本项目可行性研究报告主要是依据调查、咨询、收集与项目有关的基本资料,从市场需要、生产能力、基本条件、经济效益和社会效益等方面进行分析论证。

二、柳蜡工艺品市场预测

××柳蜡工艺品,集艺术性、实用性于一体,国内外市场十分广阔。据《中国工艺信息》透露,仅美国、加拿大、日本、中国香港几个国家和地区,每年就需要进口2.6亿元的柳蜡工艺品,而我国每年出口能力只有1.5亿元,其中山东口岸每年出口仅有0.6亿元,远远不能满足国际市场的需要。××柳制品,从产品质量、花色品种到生产、出口能力,在全国均居首位。白蜡杆家具,较大批量出口的,只有××一家。它集藤、竹、钢、木家具之精华,风格独特。1980年,白蜡杆防虫治虫研究成功,更保证了蜡杆家具的质量和信誉。

国际市场对××县柳蜡工艺品的市场容量表(略)

三、建设规模

1. 引进设备15台(套)(日本、意大利),国内配套设备21台(套)。

2. 扩建厂房5200m²,其中,生产车间300m²,产品仓库2200m²,柳制品自然干燥货场3200m²。

3. 扩建柳条原料基地100000亩,年产柳条800万斤;扩建蜡杆原料基地4900亩,年产蜡杆500万条,以满足柳蜡制品年产3000万元的需要。

4. 建立良种繁育场一个、试验基地50亩,负责引进、培育、繁殖柳蜡优良品种。

项目建成后出口蜡杆家具产销量明细表。(略)

项目建成后出口柳制品产销量明细表。(略)

四、建设条件

在××县建设工艺品生产出口基地,具有以下几大优势:

1. 充足的劳动资源。××县总人口43万,其中农业人口40万,拥有劳动力18万,农林牧副渔业劳动力仅有13.2万;生产柳蜡工艺品,男女老少甚至残疾人员都能干。

2. 雄厚的技术资源。目前,全国掌握各种工艺品生产技术的达8万余人。近几年来,我县又举办各类培训班2000多期,大大提高了生产人员的技术水平。

3. 理想的编制材料。柳条的质量受气候等影响较大。东北地区气温低,柳条生长期长,条质硬度大,易折断;南方气温高,柳条生长期短,条质粗糙,芯大易劈裂;××一带,由于气温适宜,生产的柳条表面光滑,质地柔软,是编制工艺品最理想的材料。

4. 成熟的种植经验。在长期的种植实践中,××一带的农民积累了成熟的种植柳条的经验,许多地区每亩年产柳条达 1000 公斤。

5. 丰富的管理经验。近十年来,我们坚持龙头在县厂,龙尾在乡村,形成一套完整的工艺品生产管理体系。1982 年,省委已在全省推广了我们的"一条龙"经验。

6. 燃料、电力、水等情况。项目所需的煤、电和水,均保证供应(××县燃料公司、电业局、水资源管理委员会的证明[略])。

7. 交通运输便利。×县工艺美术公司,位于县城东郊,厂区紧靠××铁路,原料、燃料的输入及产品的输入非常便利。

五、设计方案

1. 项目构成范围。本项目是在××县工艺美术公司现有基础上进行扩建和改造,主要是引进、配备部分先进设备,改进蜡杆家具生产工艺,彻底改变过去那种手工生产的落后状态,从原材料处理到成品组装,实现机械化或半机械化。

2. 引进设备及国别。我们计划增添 36 台(套)装用设备,其中从日本、意大利等国家引进专业设备 15 台(套),从国内购置生产设备 21 台(套)。

国内配套设备情况一览表。(略)

引进设备一览表。(略)

3. 设备用途及重点解决的工艺技术问题一览表。(略)

4. 主要生产工艺流程。(略)

六、环境保护

在蒸汽锅炉上安装消烟除尘器,做到达标排放,既回收燃料又不会造成污染。在生产车间安装吸尘器,使扬尘点达到卫生要求。本项目的建设不会造成环境污染(××县环境保护局证明[略])。

七、生产组织

蜡杆家具生产,设置配料、半成品加工、组装、油漆、药熏、烘干、包装等七个车间,需要 140 人。蜡杆厂现有 140 名职工,经过培训后即可上岗。

柳制品生产,需增设染色、油漆、包装等三个车间,共需增加 35 人。

八、项目进度(略)

九、项目概算及资金筹备

本项目共投资 600 万元(含 50 万美元额度)。申请国家资金扶持 300 万元,地方配套 300 万元,共需 50 万美元额度,省工艺品进出口公司给予解决。

十、效益分析

(一)项目建成投资后,每年新增产值(即销售)1500 万元(柳制品 500 万元,拉杆家具 1000 万元);年新增利润 280 万元(柳制品 80 万元,蜡杆家具 200 万元)。

1. 项目建成前后生产规模对照表。(略)

2. 商品销售成本计算表。(略)

3. 开发试验项目投资现金流量表。(略)

4. 投资回收期。

通过计算可知:从投资年份算起,柳制品约 4 年可以回收投资,拉杆家具约 3.59 年可回收投资。

5. 盈亏平衡分析。

如果项目设计能力销售额大于盈亏平衡点,则企业盈利;小于盈亏平衡点,则企业亏损。所谓盈亏平衡点,即不盈不亏时的销售额。通过计算可知:柳制品盈亏平衡点为230.68万元,该项目设计能力销售额500万元,大于230.68万元,企业年盈利80万元;蜡杆家具盈亏平衡点为424.14万元,项目设计能力销售额1000万元,大于424.14万元,企业年盈利200万元。

通过对柳蜡制品盈亏平衡分析可知:该项目建成后,年盈利总额达280万元,效益显著,方案可行。

6. 净现值动态分析

所谓净现值是指将项目寿命期内逐年发生的净收益用基准收益率折算成项目建设开始时的价值。净现值大于零,说明项目在整个寿命期内收入大于支出,投资效果好;如果净现值小于零,说明投资效果很差,这里我们仅对5年收益进行分析。

通过计算可知:蜡杆家具按17%的收益率折算,15年后偿还全部投资,并盈利665.15万元;柳制品按15%收益率折算,15年后偿还全部投资,并盈利268.58万元。由此可见,该项目在财务上是可行的。

(二)项目建成后的主要经济技术指标(略)

该项目建成后,年增创汇额320万美元,企业年创汇总额可达620多万美元,按12.5%的外汇留成计算,企业每年可获外汇留成77.5万元美元额度。由此可见,企业完全有能力偿还所借的外汇。

(三)社会效益分析

项目建成后,可为6500名农民提供就业门路;每年使农民增加收入600万元;年创汇增加320万美元。此外,引黄济青渠道废弃地可得到利用(植柳蜡),不仅扩大了原料基地,而且可以为附近农民解决因引黄渠道占地而造成的生活困难。

本项目建成后,国家、企业、农民皆收益,具有显著的经济效益和社会效益。

十一、结论

通过多方面的分析论证,我们认为,××县工艺美术公司建设柳蜡工艺品生产出口基地项目,建设条件与生产条件均已具备,技术上先进,经济效益和社会效益显著,是切实可行的。

第二节 招标书、投标书

招标和投标是一种依照法律程序广泛运用的竞争性经济活动。通过招标、投标有利于实现"公开、公平、公正"的市场竞争原则;有利于提高经济效益和管理水平;有利于保证项目质量和保护国家利益。招投标文件是整个招投标过程中必不可少的重要文书。《招投标业务的基本程序》见附录三。

一、招标书的概念和特点

(一)招标书的概念

招标是指招标人在规定的时间和地点发出招标书或招标单,对需求信息提出相关要求,明确相应条件,邀请符合条件的单位或人员进行投标的行为。招标书就是招标说明书,是对招标通告或招标通知书内容的扩展,对有关招标事项作出具体说明的文书。

(二)招标书的特点

(1)政策性。招标书必须符合国家及当地政府的法律法规,其内容及相关条款不能与法律法规冲突。

(2)公开性。招标书按相关法规在一定范围内或相关的媒体上向社会公布相关信息。

(3)明确性。招标内容必须明细、准确,相关条件和要求不能笼统抽象、含糊不清。

(4)竞争性。必须按法规规定,通过发布招标书吸引众多的单位参与竞标,以使"货比三家",择优录用。

(5)时效性。招标书必须明确时间,严格要求,不能违反时间规定。如果有时间变更,应当及时发布,以免引发不满或不正当竞争。

二、招标书的写作方法和要求

(一)招标书的写作方法

由于招标的目的不同,招标书的写法也就各不相同,但无论哪种类型的招标书,在结构上都应包括以下几个方面的内容。

1. 标题

招标书的标题通常由单位名称、招标项目和文种三部分构成。招标单位名称要写全称;招标项目要用简洁的文字概括招标的具体内容;文种可以用"公告"、"通知"、"启示"等,如《××办公大楼施工招标书》、《××公司建筑安装工程招标书》(见例文4-2)。

2. 正文

招标书的正文包括前言和主体两部分。

招标书的前言也称"导语"或"引言",要写明招标的目的、依据(包括招标单位主管部门的审批文号)、项目名称和招标单位的基本情况,如"为了提高建筑安装工程的建设速度,提高经济效益,经上级部门批准,我单位对××建筑安装的全部工程进行公开招标"。

主体一般为分条列项式或文表结合式,主要内容有:投标人须知;招标项目的数量、质量;技术规格或技术要求;投标价格的要求及其计算方式;评标的标准和方法;交货、竣工或提供服务的时间;投标人应当提供的有关资格和资信证明文件;投标担保金的数额(不超过投标总价的2%)或其他形式的担保(如抵押、保证等);投标文件的编制要求;提供投标文件的方式、地点和截止日期;开标、评标、定标的日程安排;合同格式及主要合同条款;需要注明的其他事项。

3. 附件

在大型的招标书中,常常为了正文的简洁,而把复杂的内容或技术性的要求,如建筑工程中的工程质量要求、材料要求、建筑图纸、技术规格等有关内容,作为附件列于文后,或者编号另发。

4. 文末

文末包括落款、日期、印章。落款要写明单位名称的全称、地址、电话、传真号码、邮政编码、网址和联系人等内容。

(二)招标书的写作要求

(1)在起草和发布招标书之前,必须经上级有关主管部门的批准。在招标书中,一定要写清经过什么单位批准而实行公开招标。这样招标书才具有真实性及权威性。

(2)要符合科学和法律规范。招标书中的具体要求首先应符合有关法律、政策的要求，不能违法。招标书中的技术要求应符合国家相关技术标准，对各项数据一定要认真核实，做到准确无误。

(3)招标书的内容要具体翔实，力求清楚、全面、准确，使投标者能够权衡利弊，做到一目了然，有章可循，避免产生误解。

(4)文字要严谨简洁，语言层次清晰，不可拖沓冗长，表述要准确无误。例如，对物资设备、工程或科研项目的质量标准，应当明确是国际标准还是国家标准、部颁标准或者单位自定标准；另外，有关技术规格要准确，不能含糊不清，不能用"大约"、"近似"等模糊语言来表述。

三、投标书的概念和特点

(一)投标书的概念

投标是指投标人应招标人的邀请，按招标书或招标单位的要求，在规定的时间内，按招标方要求向招标方作出承诺，争取达成交易行为。投标是具有承诺性质的法律行为，投标应有投标文件，投标文件是投标方在投标过程中使用的各种文书，包括投标申请书、投标人资格审查材料、投标说明书、演讲或答辩书等。本书只介绍其核心文件——投标书。投标书就是投标说明书，也叫"标书"或"标函"，是投标者按招标方的具体要求和自己的主客观条件向招标方提出投标意向和投标方案的书面材料。

(二)投标书的特点

(1)针对性。投标书必须针对投标项目、招标条件和要求、投标单位自身的实际承受能力来写。

(2)真实性。投标书的内容必须真实，因为投标单位一旦中标后，便对自己的承诺负责，要承担法律责任。

(3)精确性。投标书对招标方的具体要求要写得清楚详细，不能用"可能"、"大约"、"差不多"等模糊词语，只能用肯定的、明确的词语，这些词语后要跟准确的数据，以备招标方比较和考核。

(4)保密性。投标书一旦制成，应当严格保密，不可有丝毫泄露，否则将会给竞争对手以可乘之机，给本单位造成不可估量的损失。

四、投标书的写作方法和要求

(一)投标书的写作方法

投标书是针对招标书的内容进行逐项回答的书面文字。由于招标书的内容各不相同，投标书的写法也自然不同，但在结构上基本都有以下几个方面的内容：

1. 封面

为保密需要，一般采用密封函方式，函面主要写明主送单位名称、投标工程名称、投标单位名称、法人代表职务和姓名、标书送出时间等内容。大多数招标人对其密封及封面格式、送达方式均有严格要求。

2. 标题

投标书的标题应和招标书的标题相对应，通常由单位名称、标的名称和文种三部分构成,例如,针对《××公司建筑安装工程招标书》的投标书的标题应为《××公司建筑安装工程投标书》(见例文4-3);有的标题可以缺省单位名称或标的名称,如《承包××建设工程投标书》、《××挖掘机有限公司投标书》;有时只简写成"投标书"、"标书"或"标函"。

3. 正文

正文包括前言、投标文件说明、投标人声明三部分。

前言是投标单位或个人把自己对招投标意义的认识、对竞标的态度以及自己的基本情况等言简意赅地表达出来。

投标文件说明提供投标文件种类和份数,如投标报价表、货物清单、资格审查文件、技术参数表、投标保证等。如果是工程承包投标,还应说明工程建设期限、工程质量、合理施工措施等。

投标人声明包括标书的有效期限、履行合同的责任义务及对投标保证金的处置等。

4. 附件

附件即投标书所附带的文件材料,例如担保单位的营业执照、银行开出的保证金或提供的担保函、商品的规格及价格、企业的设备清单、工程清单或单位工程主要部分标价明细表等。应在正文下方空两格写明各种附件的名称、正本和副本数。附件与正文拥有同等的法律效力。

5. 文末

文末包括落款、日期、印章。落款应写明单位的全称、地址、电话、传真号码、邮政编码、网址和联系人等信息。

(二)投标书的写作要求

(1)语言要谦和恭敬。投标书经常使用"贵公司"、"贵单位"、"贵方"等称谓语,让对方感到亲切,容易接受。

(2)语义要准确周密。投标书的语言应力求周密、翔实,不能有任何词语模糊、标点符号不清或句子歧义现象。

(3)要符合法律政策。投标书的观点、措施、经营范围、方式、分配、奖励等要严格以现行法律、政策为依据。

【例文4-2】

××公司建筑安装工程招标书

为了提高建筑安装工程的建设速度,提高经济效益,经_____(建设主管部门)批准,_____(建设单位)对_____建筑安装工程的全部工程(或单位工程,专业工程)进行招标(公开招标由建设单位在地区或全国性报纸上刊登招标广告,邀请招标由建设单位向有能力承担该项工程的若干施工单位发出招标书,指定招标由建设项目主管部门或提请基本建设主管部门向本地区所属的几个施工企业发出指令性招标书)。

一、招标工程的准备条件

本工程的以下招标条件已经具备:

1. 本工程已列入国家(或部、委,或省、市、自治区)年度计划;
2. 已有经国家批准的设计单位出的施工图和概算;
3. 建设用地已经征用,障碍物全部拆迁;现场施工的水、电、路和通信条件已经落实;

4.资金、材料、设备分配计划和协作配套条件均已分别落实,能够保证供应,使拟建工程能在预定的建设工期内连续施工;

5.已有当地建设主管部门颁发的建筑许可证;

6.本工程的标底已报建设主管部门和建设银行复核。

二、工程内容、范围、工程量、工期、地质勘察单位和工程设计单位:
_____

三、工程可供使用的场地、水、电、道路等情况:
_____

四、工程质量等级、技术要求、对工程材料和投标单位的特殊要求、工程验收标准:
_____

五、工程供料方式和主要材料价格、工程价款结算办法:
_____

六、组织投标单位进行工程现场勘察,说明和招标文件交底的时间、地点:
_____

七、报名、投标日期、招标文件发送方式:

报名日期:_____年____月____日;

投标期限:_____年____月____日起至_____年____月____日止。

招标文件发送方式:
_____

八、开标、评标时间及方式,中标依据和通知:

开标时间:_____年____月____日(发出招标文件至开标日期,一般不得超过两个月)。

评标结束时间:_____年____月____日(从开标之日起至评标结束,一般不得超过一个月)。

开标、评标方式:建设单位邀请建设主管部门、建设银行和公证处(或工商行政管理部门)参加公开开标,审查证书,采取集体评议方式进行评标,定标工作。

中标依据及通知:本工程评定中标单位的依据是工程质量优良,工期适当,标价合理,社会信誉好,最低标价的投报单位不一定中标。所有投标企业的标价都高于标底时,如属标底计算错误,应按实予以调整;如标底无误,通过评标剔除不合理的部分,确定合理标价和中标企业。评定结束后五日内,招标单位通过邮寄(或专人送达)方式将中标通知书送发给中标单位,并与中标单位在一个月(最多不超过两个月)内与中标单位签订_____建筑安装工程承包合同。

九、其他:
_____

本招标方承诺,本招标书一经发出,不得改变原定招标文件内容,否则,将赔偿由此给投标单位造成的损失。投标单位按照招标文件的要求,自费参加投标准备工作和投标,投标书(即标函)应按规定的格式填写,字迹必须清楚,必须加盖单位和代表人的印鉴。投标书必须密封,不得逾期寄达。投标书一经发出,不得以任何理由要求收回或更改。

在招标过程中发生争议,如双方自行协商不成,由负责招标管理工作的部门调解仲裁,对仲裁不服,可诉诸法院。

建设单位(即招标单位):_____

地址：_____
联系人：_____
电话：_____
_____年_____月_____日

【例文 4-3】

××公司建筑安装工程投标书(标函)

_____(建设单位或招标办公室)：

在研究了_____建筑安装工程的招标条件和勘察、设计、施工图纸，以及参观了建筑安装工地以后，经我们认真研究核算，愿意承担上述全部工程的施工任务。我们的投标书(标函)内容如下：

标函内容	工程名称		建筑地点	
	建筑面积		建筑层数	
	结构形式		设计单位	
	工程内容			
	包干形式			
标价	总造价		每平方米造价	
	其中	直接费	其中	直接费
		间接费		间接费
		材料差价		材料差价
		其他		其他
工期	开工日期		竣工日期	合计天数
	形象进度			
质量	达到等级		保证质量主要措施	
施工方法及选用施工机械				

我们企业概况如下：

企业名称			
地 址		所有制类别	
审定企业施工级别		平均人数	
企业简历(包括成立年限)			

续上表

技术力量	工程师以上人数	助工人数	技术员人数	五级以上人数	平均技术等级	
施工机械装备情况						
营业执照	批准机关					
	执照号码					

我们特此同意,在本投标书发出后的_____天之内,我们都将受本投标书的约束,我们愿在这一期间(即从_____年____月____日起至_____年____月____日止)的任何时候接受贵单位的中标通知。一旦我们的投标被接纳,我们将与贵单位共同协商,按招标书所列条款的内容正式签署_____建筑安装工程施工合同,并切实按照合同的要求进行施工,保证按质、按量、按时完工。我们承诺,本投标书(标函)一经寄出,不得以任何理由更改,中标后不得拒绝签订施工合同和施工;一旦本投标书中标,在签订正式合同之前,本投标书连同贵单位的中标通知,将构成我们与贵单位之间有法律约束力的协议文件。(如果招标书要求投标方提供银行或上级部门担保的,投标方应在投标书《标函》中附上一份银行或上级部门的履约保证书)

投标书发出日期:_____年____月____日_____时
投标单位:_____(公章)
单位法人:_____(盖章)
联系人:_____(盖章)
电话:_____
地址:_____

第三节 建筑工程合同

一、建筑工程合同的概念、种类及作用

(一)建筑工程合同的概念

建筑工程合同是法人之间为实现一定经济目的或为完成某项特定的建筑工程,明确相互权利义务关系的应用文体,也是当事人双方从自身经济利益出发,根据国家法律、法令、计划要求,遵照平等、自愿、互利的原则,彼此协商所达成的需共同遵守的协议,据此负相应法律责任。

(二)建筑工程合同的种类

1.按合同的适用范围分
常用的几种是:

(1)建设工程勘察和设计合同。
(2)建筑工程施工合同和建筑工程安装合同。
(3)建筑材料和设备供应合同。

2. 按承包方式分

(1)总包合同。建设单位将全部建设任务委托一个建筑企业负责,并与其签订工程承包合同的则为总包合同。

(2)分包合同。总承包单位将某些专业工程分包给专业施工单位施工,并与其签订工程承包合同的则为分包合同。

(3)联合承包合同。分包单位向总包单位负责,并与其办理工程价款的结算,总包单位向建设单位负责,并与其办理价款的结算。企业之间为取长补短,达到互利的目的而联合起来共同承担工程任务,向建设单位负责,并与建设单位签订工程承包合同的则为联合承包合同。

(4)设计——施工一体化承包合同。

(5)全过程承包合同。

3. 按取量方式分

(1)总价合同。按工程造价取费包干的合同则为总价合同。

(2)单价合同。按单位工程量造价包干(如建筑面积平方米造价包干)的合同则为单价合同。

(3)按工程成本取费合同。

(三)建筑工程合同的作用

建筑工程合同是建筑企业组织经济活动,实现经济往来,进行建筑产品交换的法律手段,是组织经营管理,从事施工生产的重要方式,其作用如下:

(1)建筑工程合同确定了工程实施和工程管理的主要目标,是合同双方在工程中各种经济活动的依据。

(2)建筑工程合同规定了双方的经济关系。合同一经签订,合同双方便结成一定的经济关系,合同规定了双方在合同实施过程中的经济责任、利益和权利。

(3)建筑工程合同是工程过程中双方的最高行为准则。工程过程中的一切活动都是为了履行合同,都必须按合同办事。

(4)建筑工程合同将工程所涉及的设计、材料、设备供应和各专业施工等的分工协作关系联系起来,协调并统一工程各参与者的行为。

(5)建筑工程合同是工程中双方解决争执的依据。

二、建筑工程合同的写作方法

建筑工程合同的一般格式由标题、正文、文末三部分组成。

(一)标题

写在第一行中间,要标明合同的性质,如"建筑工程承包合同"、"建筑安装施工合同"等。

(二)正文

不同种类的建筑合同其内容不一,简繁程度差别很大。但建筑工程合同通常有如下几

方面的内容:

(1)合同当事人。合同当事人指签订合同各方。在我国,合同一般在法人之间签订。

(2)合同的标的。合同的标的是当事人双方的权利、义务共指的对象。如工程承包合同,其标的是完成工程项目。在建筑安装工程设计合同中的标的,是指所设计的图纸等设计文件。标的是建筑工程合同不可缺少的内容。标的一定要明确,否则容易造成矛盾与纠纷。

(3)合同数量与质量。数量与质量是标的的具体化,是建筑工程合同必须具备的条款。数量方面,计量要精确,数据要准确;质量方面,应定出具体质量标准。

没有数量和质量的约定,合同是无法生效和履行的,发生纠纷也不易分清责任。

(4)合同价款或酬金。这是标的的代价或价金,一般是以数量表示。凡国家有统一规定的,按国家规定的执行;国家没有统一规定的,由当事人协商确定。合同中应写明价款数量、付款方式、结算程序。合同应遵循等价互利的原则。

(5)合同期限和履行的地点。合同期限指履行合同期限,即从合同生效到合同结束的时间。履行地点指合同的标的物所在地,如以承包工程为标的的合同,其履行地点是工程计划文件所规定的工程所在地。合同应具体规定合同期限和履行地点。

(6)违约责任。即为合同一方或双方因过失不能履行或不能完全履行合同责任,侵犯另一方经济权利时所应负的责任。违约责任是合同的关键条款之一。没有规定违约责任,则合同对双方难以形成法律约束力,难以确保圆满地履行,发生争执时也难以解决。

(三)文末

文末包括署名、日期和印章。正文写完后另起一行,在右下方写订立合同各单位的名称和各方代表姓名,并盖上公章、私章(签名),及各方的电话号码、联系人、银行账号等。在署名下面写上签订合同的日期。

三、几种主要工程合同的内容

建筑工程勘察设计合同是委托方与承包方为完成一定的勘察设计任务,明确相互权利和义务关系的协议。当事人双方中的委托方是建设单位或有关单位,承包方是持有勘察设计证书的勘察设计单位。双方都必须具有法人资格。

(一)建筑工程勘察合同的主要内容

1. 总述

主要说明建筑工程名称、规模、建设地点,委托方和承包方的概况等。

2. 委托方的义务

在勘察工作开始前,委托方应向承包方提交由设计单位提供、经建设单位同意的勘察范围的地形图和建筑平面布置图各一份,提交由建设单位委托、设计单位填写的勘察技术要求及附图。委托方应负责勘察现场的水电供应、平整道路、现场清理等工作,以保证勘察工作的顺利开展。

在勘察人员进入现场作业时,委托方应按合同规定负责提供必要的工作和生活条件。

3. 承包方的义务

勘察单位应按照规定的标准、规范、规程和技术条例进行工程、工程地质、水文地质等勘察工作,并按合同规定的进度、质量要求提供勘察成果。

4. 勘察费

勘察工作的取费标准是按照勘察工作的内容决定的。计费方法一般以国家或地方有关收费标准为基础,经双方商定后确定。

勘察合同生效后,委托方应向承包方先支付勘察费用总额30%的定金;全部勘察工作结束后,承包方按合同规定向委托方提交勘察报告和图纸;委托方在收取勘察成果资料后,在规定的期限内,按实际勘察工作量付清勘察费。

5. 违约责任

(1)委托方若不履行合同,无权要求返还定金,而承包方若不履行合同,应双倍偿还定金。

(2)对于由于委托方变更计划,提供不准确的资料,未按合同规定提供勘察工作必需的资料或工作条件,或修改设计,因而造成勘察工作的返工、停工、窝工,委托方应按承包方实际消耗的工作量增付费用。因委托方责任而造成重大返工或重新进行勘察时,应另增加勘察费。

(3)勘察的成果按期、按质、按量交付后,委托方要按期、按量支付勘察费。若委托方超过合同规定的日期付款,应偿付逾期违约金。

(4)因勘察质量低劣引起返工,或未按期提出勘察文件,拖延工期造成委托方损失,应由承包方继续完善勘察,并视造成的损失、浪费的大小,减收或免收勘察费。

(5)对因勘察错误而造成工程重大质量事故,承包方除免收损失部分的勘察费外,还应支付该部分勘察费相当的赔偿金。

以上为一般条款,可视工程情况变化,以双方议定结果为准。

6. 争执的处理

建筑工程勘察合同在实施中发生争执,双方应及时协商解决;若协商不成,双方又同属一个部门,可由上级主管部门调解;调解不成或双方不属于同一个部门,可向国家规定的合同管理机关申请调解或仲裁,也可直接向人民法院起诉。

7. 其他规定

建筑工程勘察合同必须明确规定合同的生效和失效日期。通常勘察合同在全部勘察工作验收合格后失效,勘察合同的未尽事宜,需经双方协商,作出补充规定。补充规定与原合同具有同等效力,但不得与原合同内容冲突。

附件是勘察合同的组成部分。勘察合同的附件一般包括测量任务和质量要求表、工程地质勘察任务和质量要求表等。

(二)建筑工程设计合同的主要内容

1. 总述

建筑工程名称、规模、投资额、地点、合同双方的简单介绍等。

2. 委托方的义务

(1)如果委托初步设计,委托方应在规定的日期内向承包方提供经过批准的设计任务书(或可行性研究报告)、选择建设地址的报告以及原料(或经过批准的资源报告)、燃料、水电、运输等方面的协议文件和能满足初步设计要求的勘察资料、经科研取得的技术资料等。

(2)如果委托施工图设计,委托方应在规定日期内向承包方提供经过批准的初步设计文件和能满足施工图设计要求的勘察资料、施工条件,以及有关设备的技术资料。

(3)委托方应负责及时地向有关部门办理各设计阶段设计文件的审批工作。

(4)明确设计范围和深度。

(5)在设计人员进入施工现场时,委托方应提供必要的工作和生活条件。

(6)委托方要按照国家有关规定付给承包方勘察设计费,维护承包方的勘察成果和设计文件,不得擅自修改,也不得转让给第三方重复使用,否则便侵犯了承包方的智力成果权。

3.承包方的义务

(1)承包方要根据批准的设计任务书(或可行性研究报告)或上阶段设计的批准文件,以及有关设计的技术经济文件、设计标准、技术规范、规程、定额等,提出勘察技术要求和进行设计,并按合同规定的进度和质量要求,提交设计文件(包括概预算文件、材料设备清单)。

(2)初步设计经上级主管部门审查后,在原定任务书范围内的必要修改,应由承包方承担。

(3)承包方对所承担设计任务的建设项目应配合施工,进行施工前技术交底,解决施工中的有关设计问题,负责设计变更和修改预算,参加隐蔽工程验收和工程竣工验收。

4.设计的修改和停止

设计文件批准后,就具有一定的严肃性,不能任意修改和变更。如果必须修改,也需经有关部门批准,其批准权限视修改的内容所涉及的范围而定。如果修改的部分是属于初步设计的内容(如总平面布置图、工艺流程、设备、面积、建筑标准、定员、概算等),须经设计的原批准单位批准;如果修改部分是属于设计任务书的内容(如建设规模、产品方案、建设地点及主要协作关系等),则须经设计任务书的原批准单位批准;施工图设计的修改,须经设计单位的同意。

【例文4-4】

建筑工程勘察合同

建设单位(甲方):_____ 勘察单位(乙方):_____
地　　址:_____ 地　　址:_____
邮政编码:_____ 电话:_____ 邮政编码:_____ 电话:_____
法定代表人:_____ 职务:_____ 法定代表人:_____ 职务:_____

为了明确建设单位与勘察单位的经济责任,分工协作,相互促进,多快好省地完成建设项目的勘察任务,根据已被正式批准的建设项目计划,经双方充分协商,特订立本合同,以便双方共同遵守。

第一条　工程名称、规模、投资额、建设地点_____

第二条　勘察的范围、进度和质量_____

第三条　甲方的义务

1.在签订合同时,甲方必须向乙方提交按基建程序批准的计划任务书复印件,提交进行工程地质勘察的用地批准文件和红线图复印件。

2.在签订合同时,甲方必须在_____年_____月_____日向乙方提交由设计单位提出、经建设单位同意的勘测范围之地形图和建筑平面布置图各一份,提交由建设单位委托、设计单位填写的勘察技术要求及附图,并对提交的时间、进度、质量负责。

3.甲方必须在_____年_____月_____日以前做好现场勘察工作的水电供应、平整道路、清理现场、准备材料等工作(所需材料由乙方踏勘后提出明细表)。

4.甲方必须在_____年_____月_____日乙方进入现场前,办好征地、拆迁、砍树、采青苗等项目的赔偿手续。

5.甲方必须负责解决乙方勘察人员的现场吃住、办公等条件。乙方现场勘察人员的吃住费用由乙方自负,如果甲方安排住招待所、饭店,费用由甲方负担。甲方人员的集体福利设施(如浴室、理发、医疗等)应为乙方人员提供方便。勘察施工中必需的民工、燃油料以及冬季生活取暖的设施及煤、木材由甲方供给(费用由乙方负责);生产现场取暖和机具的看守由甲方负责解决并负担费用。

6.乙方勘察人员、勘察机具进入工程地点的交通运输和劳务费均由甲方负担。

7.甲方对乙方的勘察成果文件,不得擅自修改,不得转让给第三者重复使用。

第四条 乙方的义务

1.乙方应按照现行的标准、规范和技术条例,进行工程测量、工程地质、水文地质的勘察工作,并按合同规定的进度、质量提交勘察成果。

2.乙方应于_____年_____月_____日进入现场勘察,_____年_____月_____日提交全部勘察资料,提交测量透明图_____份,提交工程地质报告书一式_____份(如甲方需要加印、加晒图纸资料,另外收费)。乙方如因气候或甲方原因影响现场施工3天以上,工期可顺延。

第五条 定金及勘察收费标准及拨付办法

1.本工程按国家主管机关颁发的工程勘察收费标准收取勘察费,总价预计为_____元。自本勘察合同生效后_____日内,甲方应向乙方支付相当于勘察费的30%的定金;勘察合同履行后,定金抵作勘察费。甲方不履行合同的,无权要求偿还定金,乙方不履行合同的,应当双倍返回定金。勘察工作开工后,甲方应向乙方支付勘察费的30%;全部勘察工程结束后,乙方按合同规定向甲方提交勘察报告书和图纸,并进行工程结算,甲方提取资料后_____日内,应按实际勘察工作量清付勘察费。勘察费用的支付均由建设银行办理托收承付。

2.属于特殊工程(如自然地质条件复杂,技术要求高,勘察手段超过现行规范,特别重大、紧急、有特殊要求的工程,特别小的工程等)的收费办法,原则上按勘测工程总价加收20%~40%的勘察费。

第六条 甲方的违约责任

1.如果由于甲方变更计划,或提供的资料不准确,或未按期提供勘察、设计必需的资料或工作条件而造成勘察、设计的返工、停工、窝工或修改设计,甲方应按乙方实际消耗的工作量增付费用,勘察工期顺延,因甲方责任而造成重大返工或重作设计,应另行增费,勘察工期顺延。

2.甲方超过合同规定的时间交付勘察费或定金,应按银行拖延付款的规定向乙方偿付违约金_____元。

第七条 乙方的违约责任

1.乙方因勘察质量低劣引起返工或造成工程损失,应继续完善勘察,并根据造成的损失情况承担经济和技术责任,甲方可视造成的损失大小,减少或不付勘察设计费。

2.乙方如勘察错误造成工程重大质量事故,除免收受损失部分的勘察设计费外,还应付与直接受损失部分勘察设计费相等的赔偿金。

3.由于乙方的责任延迟提供勘察文件,时间达_____天以上的,每延迟一天,应向甲方偿付相当于工程勘察费总价_____%的违约金。

第八条 纠纷的处理

本合同执行中如发生纠纷,双方应及时协商解决。协商不成时,双方属于同一部门的,由上级主管部门调解;调解不成,或不属于同一部门的,按以下第( )项方式解决:(1)申请_____仲裁委员会仲裁;(2)向_____人民法院起诉。

  第九条 其他约定
_____

  本合同_____年_____月_____日双方签字后生效,全部勘察工程验收后失效。本合同如有未尽事宜,需经双方共同协商,作出补充协定。补充协定与本合同具有同等效力。

  本合同正本一式两份,甲乙双方各执一份;合同副本一式_____份,送计委、建委、建行……各留存一份。

  建设单位(甲方):_____ 勘察单位(乙方):_____
  代表人:_____   代表人:_____
  _____年_____月_____日 _____年_____月_____日

【例文4-5】

建筑工程设计合同

  建设单位(甲方):_____
  地址:_____ 邮编:_____ 电话:_____
  法定代表人:_____ 职务:_____
  设计单位(乙方):_____
  地址:_____ 邮编:_____ 电话:_____
  法定代表人:_____ 职务:_____

  为了明确责任,分工协作,共同完成建设项目的设计任务,根据_____批准的计划任务书,经甲乙双方充分协商,特签订本合同,以便共同遵守。

  第一条 甲方委托乙方承担_____工程的设计项目,建筑安装面积为_____平方米,批准总投资为_____万元,建设地点在_____。

  第二条 甲方的义务

  1.甲方应在_____年_____月_____日以前,向乙方提交业经上级批准的设计任务书、工程选址报告,以及原料(或经过批准的资源报告)、燃料、水、电、运输等方面的协议文件和能满足初步设计要求的勘察资料、经过科研取得的技术资料。甲方在_____年_____月_____日施工图设计前,应提供经过批准的初步设计文件和能满足施工图设计要求的勘察资料、施工的条件,以及有关设备的技术资料。

  甲方对上述资料必须保证质量,不得随意变更。

  2.及时办理各设计阶段的设计文件审批工作。

  3.在工程开工前,甲方应组织有关施工单位,由乙方进行设计技术交底;工程竣工后,甲方应通知乙方参加竣工验收。

  4.在设计人员进入施工现场进行工作时,甲方应提供必要的工作条件,并在生活上予以方便,在设计和施工过程中因技术上的特殊需要进行试制试验,所需一切费用以及为配合甲方到外地的差旅费均由甲方负责。

  5.甲方必须维护乙方的设计文件,不得擅自修改,未经乙方同意,甲方不得复制、重复使用或擅自扩大建设范围。甲方有义务保护乙方的设计版权,不得转让给第三方重复使用。

第三条　乙方的义务

1. 乙方必须在_____年_____月_____日以前,向甲方交付初步设计文件;在_____年_____月_____日以前,向甲方交付技术设计文件;在_____年_____月_____日以前,向甲方交付施工图设计文件。其中,初步设计文件一式_____份,技术设计文一式_____份,施工图设计文件一式_____份,甲方如另需增添文件份数和需要模型,另行收费。

_____年_____月_____日以前,乙方必须向甲方提交完毕所有设计文件(包括概预算文件、材料设备清单)。

2. 乙方必须根据批准的设计任务书或上一阶段设计的批准文件,以及有关设计技术协议文件、设计标准、技术规范、规程、定额等提出勘察技术要求和进行设计,提交符合质量的设计文件。

3. 初步设计经上级主管部门审查后,在原定任务书范围内的必要修改,乙方应负责承担。

4. 设计单位对所承担设计任务的建设项目应配合施工,进行施工前技术交底,解决施工中的有关设计问题,负责设计变更和修改预算,参加隐蔽工程验收和工程竣工验收。

第四条　设计的修改和停止

1. 甲方因故要求修改工程的设计,经乙方同意后,除设计文件交付时间另定外,甲方应按乙方实际返工修改工日,每工日按_____元增付设计费(或按设计阶段中返工的工作量百分比计算)。

2. 原定任务书如有重大变更而重作或修改设计时,须具有设计审批机关或设计任务书批准机关的意见书,经双方协商,另订合同。已经进行了的设计费用的支付,按前条办法计算。

3. 甲方因故要求中途停止设计时,应及时用书面通知乙方,已付设计费不退,并按该阶段的实际耗工日,增付和结清设计费,同时结束合同关系。

第五条　设计费的数量和交付办法

本设计合同生效后_____天内,甲方应向乙方交付相当于设计费的20%的定金,设计合同履行后,定金抵作设计费;乙方向甲方提交初步设计方案后_____天内,甲方应向乙方支付_____%的设计费;乙方向甲方提交施工图文件后_____天内,甲方应向乙方结清全部设计费(设计周期较长的大型工程项目,施工图阶段的设计费,可按单项工程设计完成后分别拨付)。

第六条　奖励与违约责任

1. 在合理的工程投资控制数内,由于乙方采用先进技术或合理建议而节省了工程投资,应从节约投资额中提取_____%奖励乙方。

2. 由于甲方不能按期、准确提供有关设计资料,致使乙方无法进行设计或造成设计返工,乙方除可将设计文件交付日期顺延外,还应由甲方按乙方实际损失工日,以每日_____元计算增付设计费。

3. 甲方不按照合同规定的时间向乙方支付定金和设计费,应根据银行关于延期付款的规定,向乙方偿付违约金。

4. 由于乙方的原因,延误设计文件的交付时间,每延误_____天,乙方应向甲方偿付相当于设计费的_____%的违约金(甲方可在设计费中扣除)。

5. 因乙方设计质量低劣引起返工,应由乙方继续完善设计任务,并视造成的损失浪费大小减收或免收设计费。对于因乙方设计错误造成工程重大质量事故者,乙方除免收受损失部分的设计费外,还应付与直接受损失部分设计费相等的赔偿金。

第七条　其他约定

_____

本合同自_____年_____月_____日双方签字后生效,全部设计任务完成后失效。本合如有未尽事宜,需经双方共同协商,作出补充协定。补充协定与本合同具有同等效力,但不得与本合同内容抵触。

在合同执行中如发生纠纷,双方应及时协商解决。协商不成时,双方属于同一部门的,由上级主管部门调解;调解不成,可选择:(1)向仲裁机构申请仲裁;(2)直接向人民法院起诉。

本合同正本一式两份,甲乙双方各执一份;合同副本一式_____份,送_____、_____、……单位各留存一份。

建设单位(甲方):_____　　设计单位(乙方):_____
代表人:_____　　　　　　代表人:_____
_____年_____月_____日　　　　　_____年_____月_____日

第四节　建筑工程设计说明书

一、建筑工程设计说明书的概念、作用和特点

(一)建筑工程设计说明书的概念

建筑工程的设计是由规划、建筑、结构、建筑设备等多工种的设计人员共同完成的。各工种的设计人员在绘制图纸时,一般都附有设计说明书,以便完整地表达出设计意图。可以说,建筑工程设计说明书是对建筑工程设计各方面图纸进行说明的文书,它与工程图纸互为补充,是整个设计文件的重要组成部分。

(二)建筑工程设计说明书的作用

通过阅读设计说明书,可以对设计的依据、范围、指导思想、设计的主要技术经济指标、施工中应注意的问题等情况,有个整体的综合性的了解。

(三)建筑工程设计说明书的特点

(1)整体性。设计图纸与说明文字是密不可分的,设计图纸如没有说明文字,则很难表达出设计人员或建设单位的制作意图;说明文字离开了设计图纸,则说明文字就成了无本之木,施工人员很难从整体把握建筑工程的各个环节。所以,在写作设计说明书时,要求以设计图纸的数据利用、制作目的、关键环节、注意事项为说明中心,注意设计说明书的整体性。

(2)实用性。设计说明书的实用性极强,每一张图纸的设计都或是下一道图纸设计工序的基础,或是建筑施工工序的依据,对于下一道工序的工作或施工具有指导意义。所以,在写作设计说明书时,要综合运用多种说明方法(除比喻说明以外),以确保绘图人员正确使用各种设计数据,施工人员正确使用设计图纸。

(3)客观性。设计图纸来源于客观勘察的各种数据及已经实践检验的科学数据,设计说明书就反映了图纸的这种客观性。所以,在写作设计说明书时,首先要做到全面,要反映该项目设计的全貌(即设计的长处和不足均应写出);其次要做到语言准确,采用规范的术语,切忌模棱两可、含糊不清。

二、建筑工程设计说明书的写作方法和要求

(一)建筑工程设计说明书的写作方法

建筑工程设计说明书一般采用条文式,有的内容可以列出表格。由于图纸的用途不同,各种说明书的写法也略有不同。但一般来说,建筑工程设计说明书包括以下内容:

(1)设计的依据、范围和指导思想。
(2)设计的主要技术经济指标(可列成表格)。
(3)设计图的补充说明,如某种构造设计适用于哪些部位,装修材料的色彩以及质地要求等。
(4)施工中应注意的问题,如工种如何配合,设备选择应注意哪些问题等。
(5)阅读本套图纸应注意的问题,如本图采用的尺寸单位,设计中引用的标准图集种类等。

【例文4-6】

结构设计说明

一、设计依据
现行国家规范、规程及山东省有关地方标准。
1.《建筑结构荷载规范》(2006年版)(GB 50009—2001)
2.《建筑工程抗震设防分类标准》(GB 50223—2008)
3.《建筑抗震设计规范》(2008年版)(GB 50011—2001)
4.《混凝土结构设计规范》(GB 50010—2002)
5.《混凝土结构耐久性设计规范》(GB/T 50476—2008)
6.《网架结构设计与施工规程》(JGJ 7—91)
7.《钢结构设计规范》(GB 50017—2003)
8.《建筑地基基础设计规范》(GB 50007—2002)
9.《建筑桩基技术规范》(JGJ 94—2008)
10.《人民防空地下室设计规范》(GB 50038—2005)
11.《地下工程防水技术规范》(GB 50108—2008)
二、建筑结构主要设计指标
1.结构设计使用年限:50年。
2.建筑结构安全等级:二级。
3.建筑抗震设防类别:
(1)体育馆——重点设防类(乙类);
(2)训练馆、游泳馆——标准设防类(丙类)。
4.根据中国地震动峰值加速度区划图及建筑抗震设计规范,济南市设计基本地震加速

度值为 0.05g,抗震设防烈度为 6 度(第二组)。

三、设计活荷载标准值

1. 主要楼(屋)面活荷载标准值

(1)楼面活荷载标准值按现行荷载规范取值。有特殊使用要求的房间或楼面,按实际使用条件确定。

(2)办公室、阅览室、小型会议室:$2.0kN/m^2$

(3)一般资料档案室:$2.5kN/m^2$

(4)报告厅、会议中心:$3.0kN/m^2$

(5)门厅、休息厅、展览大厅:$3.5kN/m^2$

(6)看台:$3.0kN/m^2$

(7)健身房、多功能厅:$4.0kN/m^2$

(8)档案库、储藏室:$5.0kN/m^2$

(9)通风机房、电梯机房:$7.0kN/m^2$

(10)浴室、厕所、盥洗间:$2.5kN/m^2$

(11)走廊、门厅、楼梯:$2.5kN/m^2$(消防疏散楼梯为 $3.5kN/m^2$)

(12)汽车通道及停车库:客车 $2.5kN/m^2$;消防车 $20.0kN/m^2$

(13)不上人屋面:$0.7kN/m^2$(钢筋混凝土屋面)或 $0.5kN/m^2$(钢结构屋面)

2. 风荷载:参照荷载规范,济南市基本风压值为 $0.45kN/m^2$(50 年重现期)

3. 雪荷载:参照荷载规范,济南市基本雪压值为 $0.30kN/m^2$(50 年重现期)

四、上部结构选型

本工程体育馆为 3 层,房屋总高度 27.5m,基本柱网 $8.0m×7.5m$;训练馆及游泳馆均为 1 层,房屋总高度 17.5m,基本柱网 $7.2m×7.5m$。根据房屋体型、高度及所在地区抗震设防烈度,主体结构拟采用全现浇钢筋混凝土框架结构,双向井字梁楼盖体系,有效提高室内使用净空,并确保结构良好的整体性。

体育馆、训练馆及游泳馆屋面为大跨折板屋面,平面及柱网相对规则,拟采用平板钢网架结构或相贯结点管桁架结构,屋面板为铝锰镁合金复合压形彩钢板。北立面设钢筋混凝土斜撑,与斜向看台梁共同组成空间桁架体系,形成屋面钢网架或管桁架结构的可靠支座。

结合建筑使用功能要求,体育馆与训练馆之间拟设变形缝(抗震缝)一道,将主体结构划分为两个独立的抗震单元,同时减小房屋单元长度。对照混凝土结构设计规范,对超长结构,拟采用施工后浇带等技术措施,减轻混凝土收缩及温度变形的不利影响,解决房屋超长问题。

五、地基与基础

根据上部结构特性、荷载大小及当地地基特点,本工程拟采用桩基础。具体基础形式待岩土工程勘察报告完成后经优化分析确定。

本工程设半地下室,东面设有下沉式坡道。由于地下室面积较大,拟在体育馆与训练馆之间设沉降缝,解决不同单体间的不均匀沉降问题。地下室宜采用掺聚丙烯纤维混凝土,并结合施工后浇带等技术措施,减轻混凝土收缩及温度变形的不利影响。

六、结构材料

1. 混凝土:C30。

2. 钢材:Q235、Q345B 级钢。

3. 钢筋:HPB235、HRB400。

4. 砌体:上部结构外墙、卫生间墙拟采用烧结页岩多孔砖砌体,其余内隔墙拟采用蒸压砂加气混凝土砌块或其他轻质环保墙体材料。

【例文 4-7】

抗震设计说明

一、设计依据

现行国家规范、规程及山东省有关地方标准。

1.《建筑工程抗震设防分类标准》(GB 50223—2008)
2.《建筑抗震设计规范》(2008 年版)(GB 50011—2001)
3.《混凝土结构设计规范》(GB 50010—2002)
4.《钢结构设计规范》(GB 50017—2003)

二、建筑结构主要抗震设计指标

1. 根据《建筑工程抗震设防分类标准》(GB 50223—2008),本工程抗震设防类别分别为:体育馆——重点设防类(乙类);训练馆、游泳馆——标准设防类(丙类)。

2. 根据中国地震动峰值加速度区划图及建筑抗震设计规范,济南市设计基本地震加速度值为 $0.05g$,抗震设防烈度为 6 度(第二组)。

三、上部结构选型

本工程体育馆为 3 层,房屋总高度 27.5m,基本柱网 $8.0m \times 7.5m$;训练馆及游泳馆均为 1 层,房屋总高度 17.5m,基本柱网 $7.2m \times 7.5m$。根据房屋体型、高度及所在地区抗震设防烈度,主体结构拟采用全现浇钢筋混凝土框架结构,双向井字梁楼盖体系,有效提高室内使用净空,并确保结构良好的整体性。

体育馆、训练馆及游泳馆屋面为大跨折板屋面,平面及柱网相对规则,拟采用平板钢网架结构或相贯结点管桁架结构,屋面板为铝锰镁合金复合压形彩钢板。北立面设钢筋混凝土斜撑,与斜向看台梁共同组成空间桁架体系,形成屋面钢网架或管桁架结构的可靠支座。

结合建筑使用功能要求,体育馆与训练馆之间拟设抗震缝,将主体结构划分为两个独立的抗震单元。

四、主要抗震技术措施

1. 本工程体育馆、训练馆及游泳馆单体平面(包括柱网)及竖向布置基本规则,体型规整,荷载分布基本均衡。该房屋位于 6 度地震区,基本地震加速度值为 $0.05g$,地震作用不大,对结构抗震相对有利。

2. 采用中国建筑科学研究院编制的 SATWE 及 PK 软件进行结构抗震计算,并采用通用软件 ETABS、SAP2000 等进行对比分析,尤其对北立面由斜撑及看台梁共同组成的空间桁架体系的内力、变形进行细致分析,并作为主要受力构件加强抗震构造措施。

3. 本工程体育馆属大型体育馆,其抗震设防类别为重点设防类(乙类),按 6 度进行地震作用计算,并按提高一度(7 度)加强其抗震措施,提高关键部位、关键构件的抗震承载力及抗震延性。体育馆框架的抗震等级为二级。

训练馆及游泳馆为标准设防类(丙类)房屋,按 6 度进行地震作用计算并采取相应的抗震构造措施,其框架的抗震等级为三级。

半地下室结构的抗震等级同相应上部结构(体育馆为二级,训练馆及游泳馆为三级)。

4.由于体育馆结构楼板及框架梁高程关系复杂,对框架柱抗震相对不利,应加强框架。柱断面及配筋包括柱箍筋,有效提高框架柱的抗剪能力及延性,满足强柱弱梁的设计要求。适当加强楼板厚度及配筋,尤其是±0.000高程半地下室顶板,提高房屋的整体性。

5.加强大跨屋面钢结构的支座连接。

【例文4-8】

给排水设计说明

一、设计依据

1.《建筑给水排水设计规范》(GB 50015—2003)
2.《体育建筑设计规范》(JBJ 31—2003)
3.《建筑设计防火规范》(GB 50016—2006)
4.《自动喷水灭火系统设计规范》(GB 50084—2001)(2005年版)
5.《固定消防炮灭火系统设计规范》(GB 50338—2003)
6.《游泳池和水上游乐池给水排水设计规程》(CECS 14:2002)
7.《建筑灭火器配置设计规范》(GB 50140—2005)
8.建设单位提供的设计要求
9.相关专业提供的设计资料

二、概述

生活水源取自校区市政给水管网。室外消火栓用水由校区市政给水管网直供,室内消火栓、自动喷水灭火系统用水均接自校区相应消防系统水管,固定消防炮灭火系统用水由地下室消防水池供给。

三、生活及游泳池给水

1.用水量:本工程最高日用水量约为425.6m^3,最大小时用水量约为36.2m^3(水量均包括游泳池补充水),详见附表。

2.水源:从校区市政给水管网接两根DN150给水引入管,在规划区内形成环网。

3.给水方式:由校区生活给水管网直接供本工程生活及室内游泳池用水。

四、泳池热水系统

体育馆运动员淋浴间拟采用太阳能辅助蒸汽加热制取生活热水。太阳能集热板集中布置在训练馆屋面上,采用热管蜂窝型集热器,系统采用定温放水形式。当阴雨天太阳能热水系统不能满足热水用水量及水温时,采用汽—水半即热式热交换器辅助加热制取热水。蒸汽接自校区热网,换热器及保温热水箱均设置在5.1m高程层设备机房内。

游泳馆淋浴间及游泳池设有热水供应系统。泳池为恒温游泳池。

高温热水加热系统设半容积式热交换器,供泳池加热及淋浴用热水。游泳池水初次加热由半容积式热交换器供给。经估算,本工程最大小时耗热量约为1700kW。

游泳馆淋浴间及游泳池设有热水供应系统,为了节约能源,本工程设太阳能热水系统和热源为蒸汽的热水加热系统。泳池加热及淋浴热水均利用太阳能,太阳能板均布置在游泳馆屋面上,可供布置的集热器面积约1950m^2,选用热管蜂窝式集热板,在5.1m高程层热交换间设不锈钢预热水箱,定温放水,水温设定为55℃。不足部分由热源为蒸汽加热系统供给。设壳管式加热器4台,供游泳池维持热量用。游泳池水初次加热由半即热式热交换器供给热水。

五、游泳池循环水处理系统

游泳馆内设标准游泳池。为保证游泳池用水卫生、安全及节约,游泳池水采用池底进水,池顶溢流回水的逆流式循环方式,循环周期为不大于6h。池底设放空口。游泳池设于游泳馆一层,水面高程为2.700m,均衡水池设于地下室。循环工艺流程为:池水溢流至回水槽,通过槽底均布回水收水口由回水管重力流入均衡水池;循环水泵从均衡水池中吸水(自灌);在回水管上投加絮凝剂并充分混合后,池水经毛发聚集器泵入砂过滤器;再对砂过滤器出水进行臭氧消毒,依次经过负压臭氧投加器、臭氧混合器、臭氧反应罐;然后经壳管式加热器加热,使出水水温保持在26℃;接着对循环池水中未反应完的臭氧采用活性炭予以吸附,并利用活性炭过滤器对循环水的浊度、色度、异味进行深度处理;最后投加除藻剂、pH值调整剂和长效消毒剂,并设置pH值测控系统、余氯值测控系统,以控制pH值调整剂、长效消毒剂的投加量。标准游泳池选用4组过滤器、过滤泵,每组处理水量为125m³/h。

六、循环冷却水给水系统

根据空调专业提供的资料,本工程空调冷凝热量约为3000kW,空调用冷却水量约为850m³/h,温差为5℃,循环使用;该系统采用工艺流程如下:

↓补水

冷却塔出水→Y形过滤器→空调冷冻机→循环水泵→全程水处理器→冷却塔进水

本系统设超低噪声玻璃钢组合式冷却塔两台,放置在体育馆周边草坪上;设循环冷却水泵两台,与冷冻机组一一对应,并联工作。循环冷却水泵设在地下一层冷冻机房内,冷却塔补水由校区给水管直接供给。

七、排水系统

排水采用分流制。污水量以最大日用水量的100%计算,本工程最大日污水量约为425.6m³,生活污水经化粪池处理后排入校区污水管。雨水采用有组织排放,体育馆屋顶雨水排水采用虹吸式压力排水系统。汇集后就近排入校区雨水管道或河道。

雨水设计重现期室外场地为5年,屋面为10年,地面集水时间10min,综合径流系数采用0.60。雨水量按济南市暴雨量公式计算,暴雨强度公式为:$Q = 4700(1 + 0.753\lg TE)/(t + 17.5)^{0.898} L/S \cdot h_a$。

八、管材与设备

室内生活给水管采用内衬不锈钢复合钢管,室内热水管道采用不锈钢管,消防给水管>100者采用无缝镀锌钢管,DN≤100者采用镀锌钢管,室内排水管采用UPVC排水管,卫生设备采用国产高档洁具及配件,消防设备采用国产成套产品。

九、环境保护措施

1. 给水支管的水流速度不超过1.0m/s,并在直线管段设置胀缩振动传递。

2. 冷却塔选用超低噪声型和飘水少的冷却塔,减少冷却塔运行中的噪声对周边的影响。

3. 本工程污水经化粪池处理后排入城市污水管道,防止对城市污水管道造成淤塞。

4. 地下层潜水泵坑均采用防臭密闭人孔盖,其中生活粪便污水潜水泵坑设独立通气管并伸至屋顶之外,使室内环境不受影响。

5. 空调机凝结水排水和机房地漏排水设独立排水系统,排至屋面或排水明沟,以防其他排水管道有污染气体串入室内。

附表(水量计算表)

目	号	名 称	数 量	用水定额	不均匀系数 K	用水时间 $t(h)$	用水量 最大日 (m^3/d)	用水量 最大时 (m^3/h)	备 注
水量		游泳池补水	$2500m^3$	4%	1	24	100.0	4.17	
		观众	8300座	3L/(人·场)	1.2	4	24.9	7.47	
		体育超市	$2590m^2$	$5L/(m^2·d)$	1.5	12	13.0	1.62	
		健身中心	350人	50L/(人·次)	1.5	12	35.0	4.38	一日计两次
		循环冷却水补水	$850m^3/h$	1.5%	1.0	16	204	12.75	
		绿化	$4990m^2$	$2L/(m^2·d)$	1.0	4	9.98	2.50	
		小计					386.9	32.9	
		不可预见水量					38.7	3.3	按总用水量小计的10%计
		合计用水量					425.6	36.2	
水量		合计排水量					220	55	按3项用水量的1.1倍计
防水量		室外消火栓		30L/s		2			
		室内消火栓		20L/s		2			
		自动喷淋系统		30L/s		1			
		固定消防炮		40L/s		1			

(二)建筑工程设计说明书的写作要求

(1)要熟悉业务。建筑工程设计说明书的专业性很强,撰写者必须对设计对象的各方面知识了如指掌,使说明书表达得更为全面、准确。

(2)内容全面具体,条理清楚,数据确凿,语言简明扼要。

第五节 施工日志

一、施工日志的概念、主要内容及作用

(一)施工日志的概念

施工日志也叫施工日记,是对建筑工程整个施工阶段的施工组织管理、施工技术等有关施工活动和现场情况变化的真实的综合性记录,也是处理施工问题的备忘录和总结施工管理经验的基本素材,是工程交竣工验收资料的重要组成部分。如果每位现场技术员把施工日志完整地加以填写,对于加强生产管理、总结经验和日后的查询,将会受益无穷。另外,施工日志不仅在事后出现问题能及时还原当天的施工情况,还能及时发现错误和正确分析索赔责任,可能是索赔的重要证明材料。

(二)施工日志的主要内容

主要内容为:日期、天气、气温、工程名称、施工部位、施工内容、应用的主要工艺;人员、材料、机械到场及运行情况;材料消耗记录、施工进展情况记录;施工是否正常;外界环境、地质变化情况;有无意外停工;有无质量问题存在;施工安全情况;监理到场及对工程认证和签字情况;有无上级或监理指令及整改情况等。记录人员要签字,主管领导定期也要阅签。

(三)施工日志的作用

(1)根据自己的岗位职责和技术干部考核内容,记录自己应该做的工作内容,为以后技术干部考核提供依据。

(2)记录每天完成的工程量,每天所投入的机械设备、人员、材料等,为工区日核算和周核算提供依据,为项目成本管理提供依据。

(3)记录每天完成的工程量的机械实际定额,为分析机械设备人员是否达到应该达到的定额(和局内部定额作比较)提供依据,为分析机械人员投入是否满足生产计划提供依据,为施工进度管理提供依据。

(4)记录分包商所租用我方设备和领用我方材料,为分包结算,项目周、月成本分析提供依据。

(5)记录施工中设计与实际不符的情况,为设计变更提供依据。

(6)记录施工中是否达到规范要求,为资料整理质量评定提供依据。

(7)记录根据工程计划和实际投入的机械设备人员,分析是否能满足工程计划要求和是否进一步采取措施,为工程进度预控提供依据。

(8)记录领导交办的事项和是否按照领导交办的做的记录,为领导检查工作提供依据。

(9)记录工程开工、竣工、停工、复工的简况与时间和主要施工方法、施工方法改进情况及施工组织措施,为以后拟写施工总结及施工论文提供依据。

(10)记录新技术、新材料和合理化建议的采用情况及工程质量的改进情况,为以后 QC 成果提供依据。

(11)记录技术交底内容(包括二级技术交底),为以后自己检查施工人员的工作质量及对施工人员提出奖罚提供依据。

二、施工日志的写作方法和要求

(一)施工日志的写作方法

施工日志可按单位、分部工程或施工工区(班组)建立,由专人负责收集、填写记录和保管。一般包括基本信息、主要内容和其他内容。

1. 基本信息

基本信息包括日期、星期、气象、平均温度、施工部位、出勤人数、操作负责人等。

2. 主要内容

(1)工作内容

工作内容包括当日施工内容及实际完成情况,施工现场有关会议的主要内容,有关领导、主管部门或各种检查组队工程施工技术、质量、安全方面的检查意见和决定,以及建设单位、监理单位对工程施工提出的技术、质量要求、意见及采纳实施情况等。

（2）检验内容

检验内容包括隐蔽工程验收情况、试块制作情况、材料进场、送检情况等。

（3）检查内容

检查内容包括质量检查情况、安全检查情况及安全隐患处理（纠正）情况、文明施工及场容场貌管理情况等。

3. 其他内容

一般包括有关设计变更、技术交底、停电、停水、停工、施工机械故障及处理、冬雨季施工准备及措施执行情况、施工中涉及的特殊措施和施工方法、新技术、新材料的推广使用情况等。

（二）施工日志的写作要求

（1）施工日志应按单位工程填写，从开工起到竣工验收时止，逐日记载，不可中断。

（2）中途发生人员变动，应当办理交接手续，保持施工日志的连续性、完整性。施工日志应由栋号工长记录。

（3）按时、真实、详细记录，书写时一定要字迹工整、清晰，最好用仿宋体或正楷体字书写。

（4）当日的主要施工内容一定要与施工部位相对应。

【例文4-9】

施 工 日 志

日期	××××年×月×日	星期	星期×	平均气温	气 象	
施工部位	×××	出勤人数	操作负责人		上午	下午
		×××	×××	×	×	×

1. 今天施工部位为主体施工第12层（可用高程表示）A～B轴线①～⑨轴线，柱子钢筋与模板。

2. 今天购进江油42.5R，普通水泥150t，由现场监理人员按规范进行了见证取样，并立即送到了试验室进行检测，下午进场支模钢管20t。

3. 今天由现场总监理工程师转发了"关于地下室部分墙体设计变更"的通知。变更通知号为××××年×月×日第×号，具体内容详见该设计变更。目前该部位墙体未施工。

4. 上午由现场钢筋工长和模板工长分别对钢筋班和模板班进行了质量、安全技术交底。主要就前期出现的一些影响质量的因素进行了分析并提出了具体控制措施。

5. 下午在试验室取回了5层混凝土试压报告6份，经查混凝土强度等级均达到了设计要求，已将报告送达监理部。

6. 公司质量安全处对工地进行了全面检查，主要针对目前现场材料堆放、主体混凝土质量提出了具体要求。详细内容见会议纪要。

7. 劳动力安排情况：

34名钢筋工安装柱和剪力墙钢筋。

53名模板工搭设满堂架。

10名钢筋车间人员加工12层板钢筋。

15名普工转运材料，5名普工清扫楼层。

工长	×××	记录员	×××

第六节 监理日志

一、监理日志的概念和作用

(一)监理日志的概念

工程建设监理是建设项目管理主体的重要部分,工程建设监理是严格按照有关法律、法规和技术规范实施的,监理资料的收集、编写、整理是监理工作的重要环节,是监理服务工作量和价值的体现,而监理日志的记录是监理资料中较重要的组成部分,是工程实施过程中最真实的工作证据,所以监理日志必须保证真实、全面,充分体现参建各方合同的履行程度。公正地记录好每天发生的工程情况是监理人员的重要职责。

(二)监理日志的作用

1. 监理日志是监理活动全面而又连续的最真实的记录

监理审批记录、验收记录大多是对施工结果的认可,不能系统反映监理活动,对有些特殊问题的原因、处理结果更难全面反映,而以文字记载为主的日志可将重要的监理活动全面、连续地记录下来。一旦项目建设中业主与承包商之间对质量、进度、费用等问题产生异议、争端时,必然要追溯监理的记录,以求证明。

2. 监理日志是监理人员对施工活动最全面的监控记录

监理的验收表格只对施工活动进行间断性的记录,不能反映施工过程,一些施工过程出现的问题无法在验收表中得到反映,日志则是记录这些问题的载体,对处理有关问题具有重要的参考价值。

3. 监理日志是反映监理工作水平、工作成效的窗口

监理日志体现了监理人员的技术素质、业务水平,展示了监理人员履行监理职责的能力和工作成效,同时也反映出监理企业的管理水平。

二、监理日志的写作方法和要求

(一)监理日志的写作方法

监理日志的具体内容:

(1)日期、气候概况。准确记录当天的天气状况,特别是出现异常气候的描述。

(2)工程部位。准确记录承包商当天工程施工作业部位。

(3)承包商动态。记录承包商人员、机械、材料的进出场情况,当天的施工情况,施工作业是否符合要求,施工过程是否正常,施工安排是否符合计划安排。

(4)质量检查、试验情况。当天监理检查后,试验情况结果是否符合要求,不符合要求的处理措施及处理结果。

(5)承包商提出的问题及其答复、指示。承包商提出的问题,监理的答复,或请示情况。

(6)上级的通知或指示。记录接到通知、指示的时间、内容,通知或指示的执行情况及反馈。若没有处理,在以后的记录中还应继续进行跟踪记录。

(7)施工过程中存在的问题。记录施工过程中监理发现的问题、解决的方法以及整改过程的记录。在监理过程中,并不只是发现问题,更重要的是怎样科学合理地解决问题,所以

监理日记要记录好发现的问题,同时更要记录好解决问题的方法和过程。

(8)对已往提出问题的复查。记录对已往提出问题的跟踪检查情况,问题处理的结果,避免问题没有得到解决而不了了之。

(9)重点、关键部位的旁站记录。旁站记录的主要内容:准确记录好施工部位、施工工艺、天气变化、管理人员情况、质量保证体系运行情况、承包商质检工程师到位情况、是否按事先的要求对关键部位或关键工序进行检查等;准确记录完成的工程量、施工过程情况,试验检验情况,施工过程中是否发生异常,如意外停工,应写清楚停工的原因及承包商处理情况。

(10)安全文明施工管理。记录监理巡视、检查过程中发现的问题及监理指令,承包商对指令的执行情况。

(11)参加会议的记录和有关工程的洽谈记录。

(12)来访情况。

(二)监理日志的写作要求

(1)监理日志的书写应该符合法律、法规、规范的要求,真实、全面、充分体现工程参建各方合同履行程度,公正记录每天发生的工程情况,准确反映监理每天的工作情况及工作成效。禁止作假,不能为了某种目的修改日志,不得随意涂改、刮擦。

(2)所有的监理人员均应每天按时填写监理日志,尽量避免事后补记,并及时提交专业监理工程师(或驻地监理工程师)审查,日志的记录人应签名。

(3)监理日志必须妥善保管,不得丢失或损毁,且不得随意外借。工程竣工后按照监理文件归档要求进行规整和保存。

(4)记录问题时对问题的描述要清楚,处理措施和处理结果都要跟踪记录完整,不得有头无尾。

(5)监理日志应书写工整、清晰,用语规范,语言表达简明扼要,措辞严谨,记录应尽量采用专业术语,不用过多的修饰词语,更不要夸大其词,涉及数字的地方,应记录准确的数字,不得采用诸如"大约"、"估计"、"可能"、"基本上"等概念模糊的字眼。

综上所述,监理日志的记录是监理的重要基础工作,应该得到每个监理人员的重视。每个监理人员都有责任做好监理日志,为工程项目提供有价值的证据,为自己和公司树立良好的形象,以便让更多的人了解监理,提高监理活动的社会信誉。

【例文 4-10】

监 理 日 志

工地:××××　　　　　　　　　　　天气:多云
日期:200×年×月×日　　　　　　　 业主:××
监理工程师:曹工(1517144×××)

施工单位	藏一装修设计工程有限公司
监理工作内容	1.负责协助业主进行水电技术交底。 2.对施工插座位置及数量按照图纸设计要求进行确认验收。 3.对施工工程量进行确认。 4.对水电施工项目及隐蔽工程项目进行施工规范指导及国标验收规范验收。

续上表

施工单位	藏一装修设计工程有限公司
监理工作内容	5. 对优化施工工艺进行有效沟通建议。 6. 对后续施工工程项目进行统计分析。 7. 对施工现场施工情况及安全管理督促。 8. 对施工工程工期进行有效分析总结
处理建议	1. 施工现场应安全规范用电,建议配备临时配电箱及灭火器。 2. 原始建筑无使用的或废弃破损底盒建议拆除;电线布设应做到尽量减少墙面横槽。 3. 弱电建议尽量单独穿管,避免信号产生干扰。强弱电不得同槽布设,强弱电之间保持不低于30cm。 4. 厨房和卫生间下水管口应做好有效保护。 5. 配线穿管水平交叉建议采用弯管处理。 6. 开关及插座位置应按水平线规范在同一水平位置。 7. 电线布设应做到"线入管,管入盒,火线进开关,零线进灯头"。 8. 开槽应尽量避免横槽出现,特殊情况下建议尽量在1m之内且水平规范。 9. 卫生间回填建渣时应对PVC下水管周围用黄沙保护,回填时建议将大块的轻质砖敲成小碎块再回填。 10. 开槽走线时建议做到横平竖直。 11. 施工现场垃圾建议及时清理。 12. 建议对成品门窗做好有效的保护
正在施工内容	1. 地面开槽处理,水电布设。 2. 按设计图纸施工要求的墙面拆除

第七节　工程现场签证

一、工程现场签证的概念和形式

(一)工程现场签证的概念

工程现场签证是工程承发包双方在施工过程中按合同约定对支付各种费用、顺延工期、赔偿损失所达成的双方意思表示一致的补充协议,互相书面确认的签证即成为工程结算或最终结算增减工程造价的凭据。工程现场签证的概念主要由以下几个方面组成:

(1)签证的主体是工程承发包双方的法定代表人及其授权代表。

(2)签证发生的时间是在施工过程或结算过程中。

(3)签证的内容是确认工程量、增加合同价款、支付各种费用、顺延竣工日期、承担违约责任、赔偿损失等。

(4)签证的性质是达成一致意见的补充协议。

(二)工程现场签证的形式

工程现场签证一般来说应采用书面形式,其内容应当包括签证的当事人、签证的事实、理由以及签证主体的签字。基建管理人员在施工管理中要加强对工程签证的管理,提高辨别签证效力的能力,确保所形成的签证形式合法有效,避免业主方利益遭受损失。

二、工程现场签证的种类、作用和适用范围

(一)工程现场签证的种类

施工过程中的签证按种类大致有以下几种:

1. 不涉及费用的技术签证

此类签证一般是在工程实施过程中对有关的施工工艺、施工方法或对原有施工环节的调整等,由承包商提出或承包商根据业主建议提出,业主或监理方的授权人员签署认可。

2. 经济签证

(1)零星用工,施工现场发生的与主体工程施工无关的用工,如定额费用以外的搬运、拆除用工等。

(2)零星工程。

(3)临时设施增补项目。临时设施增补项目首先应当在施工组织设计中写明,并按现场实际发生情况签证,才能作为工程结算的依据。

(4)隐蔽工程签证。由于工程建设自身的特性,很多工序会被下一道工序覆盖,如基础土石方工程,因此必须办理隐蔽工程签证。

(5)窝工、非施工单位原因停工造成的施工单位人员、机械经济损失,如停水、停电、设计图纸修改等。

(6)其他需要签证的费用。

3. 工期签证

包括停水、停电签证;非施工单位原因停工造成的工期拖延。

(二)工程现场签证的重要作用

1. 作为工程结算的依据

工程结算的主要依据有:施工合同、招投标文件、图纸、设计变更、现场签证、定额以及结算资料汇编等法规性文件。工程现场签证以书面形式记录了施工现场发生的特殊费用,直接关系到业主方的切身利益,是工程结算的重要依据。特别是对一些包死价的工程,结算时更是只对设计变更和现场签证进行调整。

2. 作为索赔和反索赔的依据

索赔与反索赔是工程施工中经常发生的正常现象,可分为费用索赔和工期索赔。工程现场签证是记录现场发生情况的第一手资料。通过对现场签证的分析、审核,可为索赔事件的处理提供依据,并据以正确地计算索赔费用。

(三)工程现场签证的适用范围

(1)在项目实施过程中发生变更后需要现场确认的工程量,能够在施工图纸及设计变更上反映出来的工程量不得签证。

(2)非施工单位原因导致的人工、设备窝工及有关损失。

(3)因施工单位原因引起的违规处罚。

(4)符合施工合同规定的非施工单位原因引起的工程量或费用增减。

(5)工程部门确认修改施工方案引起的工程量或费用增减。

(6)工程变更导致的工程施工措施费增减。

(7)施工合同范围外零星工程的确认。

(8)成本部门的补充预算及结算工作。

三、工程现场签证的写作方法和要求

(一)工程现场签证的写作方法

现 场 签 证 单

施工单位：　　　　　　合同编号：　　　　签证编号：(连续编号)

事项名称			
适用范围	(注明对应的图纸楼号、轴线；适用的房型及楼层)		提出时间：
提出方	□承包单位　　　□建设单位　　　□其他(请注明)		
签证原因			
签证内容	注：1.签证单审批通过后,由工程部分施工单位分合同连续编号(总包需分专业)； 2.不盖甲方项目印章无效； 3.没有完成情况说明,预算员不予以结算； 4.完成后5个工作日内上报预算,超时扣款；(每月5日前将上月汇总呈报) 5.技术核定以甲方最后认可为准,重要的技术核定需设计院确认。 专业技术负责人：		
完成情况	实施完成时间、质量状况 监理工程师：　　　　　甲方工程师：		
建设单位	专业工程师： 项目经理： (盖章)	监理单位	专业监理工程师： 总监理工程师： (盖章)	施工单位	专业技术负责人： 项目经理： (盖章)
价格	(确定造价或确认结算方法,并附每单的结算书) 专业预算工程师：　　　工程部经理：		
总经理			

(二)工程现场签证的写作要求

(1)强调办理工程签证的及时性。一道工序施工完,时间久了,一些细节容易忘记,如果第三道工序又将其覆盖,客观的数据资料就难以甚至无法证实。对签证一般要求自发生之

日起20天内办妥。

(2)对签证的描述要求客观、准确,要求隐蔽签证要以图纸为依据,标明被隐蔽部位、项目和工艺、质量完成情况,如果被隐蔽部位的工程量在图纸上不确定,还要求标明几何尺寸,并附上简图。施工图以外的现场签证,必须写明时间、地点、事由、几何尺寸或原始数据,不能笼统地签注工程量和工程造价。

(3)签证发生后应根据合同规定及时处理,审核应严格执行国家定额及有关规定,经办人员不得随意变通。要加强预见性,尽量减少签证发生。

第八节 工程竣工报告

一、工程竣工报告的概念

工程竣工报告,是指施工单位在工程完工后,按照《建筑工程施工质量验收统一标准》要求,向建设单位或监理单位提交的,以证明工程项目具备竣工验收条件的文件。

二、工程竣工报告的写作方法

工程竣工验收报告的主要内容有:

(一)建设依据

简要说明项目可行性研究报告批复或计划任务书和核准单位及批准文号,批准的建设投资和工程概算(包括修正概算),规定的建设规模及生产能力,建设项目的包干协议主要内容。

(二)工程概况

(1)工程前期工作及实施情况。

(2)设计、施工、总承包、建设监理、设备供应商、质量监督机构等单位。

(3)各单项工程的开工及完工日期。

(4)完成工作量及形成的生产能力(详细说明工期提前或延迟原因和生产能力与原计划有出入的原因,以及建设中为保证原计划实施所采取的对策)。

(三)初验与试运行情况

初验时间与初验的主要结论以及试运行情况(应附初验报告及试运行主要测试指标,试运行时间一般为3~6个月)。

(四)竣工决算概况

概算(修正概算)、预算执行情况与初步决算情况,并进行通信建设项目的投资分析。

(五)工程技术档案的整理情况

工程施工中的大事记载,各单项工程竣工资料、隐蔽工程随工验收资料、设计文件和图纸、监理文件、主要器材技术资料以及工程建设中的来往文件等整理归档的情况。

(六)经济技术分析

(1)主要技术指标测试值及结论。

(2)工程质量的分析,对施工中发生的质量事故处理后的情况说明。

(3)建设成本分析和主要经济指标,以及采用新技术、新设备、新材料、新工艺所获得的投资效益。

(4)投资效益的分析,形成固定资产占投资的比例,企业直接收益,投资回报年限的分析,盈亏平衡的分析。

(七)投产准备工作情况

运行管理部门的组织机构,生产人员配备情况、培训情况及建立的运行规章制度的情况。

(八)收尾工程的处理意见

(九)对工程投产的初步意见

(十)工程建设的经验、教训及对今后工作的建议

【例文 4-11】

编号:001

建设工程竣工报告

建设单位:××××神隆机械厂
设计单位:××××建筑设计院
监理单位:××××工程建设咨询有限公司
勘察单位:××××勘测院
施工单位:××××建设工程有限公司
工程名称:××××鼓楼园 21 号楼
项目经理:×××
报告时间:××××年 12 月 30 日

一、工程概况						
建设单位	××××			工程项目名称	××××鼓楼园 21 号楼	
工程地点	×××××××××			工程类别	工业民用建筑	
建设规模	工程预算(万元)	投资性质	建筑面积(m²)	层数	质式	高度(m)
	105	自筹		3	框架	17.4
施工单位	总包单位:××××建设工程有限公司					
	分包单位			承包范围		
				土建、水电		
开工日期	××××年 7 月 6 日			竣工日期	××××年 12 月 30 日	
二、工程质量评定依据						
将业主提供的本工程施工图纸及有关设计修改便函通知,现行建筑工程施工及验收规范和行业标准,现行建筑安装工程质量检验评定标准,建筑工程施工合同,工程建设标准强制性条文等作为工程质量评定的依据。在质量评定的实施过程中,根据对各分部分项工程的检查验收和抽查实测,作出对分项工程质量的评定,在分项工程质量确认的基础上,组成分部工程及单位工程和单位工程质量等级的确认						

续上表

三、质量评定情况
根据建设工程验收规范 1.《建筑工程施工质量验收统一标准》(GB 50300—2001) 2.《建筑地基基础工程施工质量验收规范》(GB 50202—2002) 3.《砌体工程施工质量验收规范》(GB 50203—2002) 4.《混凝土结构工程施工质量验收规范》(GB 50204—2002) 5.《木结构工程施工质量验收规范》(GB 50206—2002) 6.《屋面工程施工质量验收规范》(GB 50207—2002) 7.《建筑地面工程施工质量验收规范》(GB 50209—2002) 8.《建筑装饰装修工程施工质量验收规范》(GB 50210—2001) 9.《建筑给水排水及采暖工程施工质量验收规范》(GB 50242—2002) 10.《建筑电气工程施工质量验收规范》(GB 50303—2002) 进行实测和检查,评出分项分部工程质量等级
A. 地基与基础分部工程:共7个分项。合格分项7个;确认为合格分部。 B. 主体分部工程:共5个分项。其中模板分项8个检验批,钢筋分项9个检验批,混凝土分项9个检验批,砖砌体分项4个检验批,混凝土外观4个检验批。该分部确认为合格。 C. 装饰装修分部工程:共12个分项。其中基层分项4检验批,水泥砂浆面层分项2个检验批,砖面层分项3个检验批,大理石和花岗岩面层分项1个检验批,一般抹灰分项7个检验批,木门制作与安装分项3个检验批,铝合金门窗安装分项3个检验批,玻璃安装分项3个检验批,特种门分项1个检验批,饰面砖粘贴分项4个检验批,水性涂料涂饰分项6个检验批,护栏和扶手制安分项1个检验批。该分部确认为合格。 D. 屋面分部工程:共4个分项。其中找平层分项1个检验批,隔热层分项1个检验批,防水分项1个检验批,细部构造分项1个检验批。该分部确认为合格。 E. 建筑给排水工程分部:共9个分项,合格9个分项。该分部确认为合格。 F. 建筑电气安装工程分部:共9个分项,合格9个分项。该分部确认为合格
四、单位工程观感质量情况
室外墙面面砖的品种、规格、颜色符合设计要求,粘贴牢固、无空鼓,表面平整、色泽一致,阴阳角处理正确,大角顺直,阳台线角垂直,横竖线条顺直,散水明沟排向正确;室内墙面抹灰粘贴牢固,无脱层、无爆灰等缺陷,墙面平整,门框与墙体之间填缝密实,表面平整,墙面水泥漆涂料无油污,无锈渍,涂刷均匀,色泽一致,无皱皮流坠,楼梯踏步分层均匀,表面均匀顺直,屋面水泥砂浆找平层压实抹光坡向正确,转角处理适当,屋面墙角均做倒角处理,屋面采用春美牌SBS防水卷材,门窗安装位置正确,开启方向符合设计要求,关闭严密,开关灵活适用,玻璃安装边缘与裁口齐平,表面光滑无裂纹,本作油漆无流坠透底,色泽基本一致,铁件油漆均匀,水落管安装正确,与墙体连接牢固,竖向顺直,走廊泛水符合设计要求及施工规范。 建筑给排水、电气工程安装观感质量较好
五、质量保证资料核查情况
钢材出厂合格证及试验报告13份;本工程所用的钢材约125.3t,分别为南平钢铁厂、唐山钢铁厂、福泰钢铁厂出品。钢筋焊接及机械连接试验报告5份;水泥出厂合格证及试验报告各3份;本工程主体工程水泥200t均为"炼石牌"顺昌水泥厂生产,装饰工程水泥200t为"闽燕牌"、200t为"洋燕牌"水泥;砖出厂合格证及试验报告3份,砖约15万块均为闽侯厚屿空心砖厂出品;防水材料合格证及试验报告6份;构件合格证2份;混凝土试块试验报告19组;砂浆试块试验报告11份;基槽验收记录1份;结构验收记录3份;沉降观测记录6次,最小沉降量××mm,最大沉降量××mm。 材料、设备出厂合格证10份;管道、设备强度、焊口检查和严密性试验记录2份;系统清洗、排水管灌水通水试验记录3份;主要电设备材料合格证11份;绝缘、接地电阻测试记录2份

续上表

六、单位工程质量评定			
该工程核定6个分部,6个分部工程均为合格,单位工程观感质量评定为一般,确认单位工程质量等级为合格			
附:质量评定汇总表			
序号	分部名称	评定结果	评定说明要点
1	地基与基础工程	合格	核定7个分项:基础土方开挖1个检验批;基础土方回填1个检验批;基础混凝土2个检验批;基础模板2个检验批;基础钢筋1个检验批;桩基30个检验批;混凝土外观1个检验批
2	主体工程	合格	核定5个分项:钢筋分项9个检验批;混凝土分项9个检验批;砖砌体分项4个检验批;模板分项8个检验批;混凝土外观4个检验批
3	装饰工程	合格	核定12个分项:其中基层分项4个检验批,水泥砂浆面层分项2个检验批;砖面层分项3个检验批;大理石和花岗岩面层分项1个检验批,一般抹灰分项7个检验批,木门制作与安装分项3个检验批,铝合金门窗安装分项3个检验批;玻璃安装分项3个检验批,特种门分项1个检验批,饰面砖粘贴分项4个检验批,水性涂料涂饰分项6个检验批,护栏和扶手制安分项1个检验批
4	屋面工程	合格	核定4个分项:其中水泥砂浆找平层1个检验批;防水卷材1个检验批;保温隔热板1个检验批;屋面细部构造1个检验批
5	给排水工程	合格	核定9项:合格9项
6	电气安装工程	合格	核定9项:合格9项

××××建设工程有限公司
××××年12月30日

第九节 工程竣工决算报告

一、工程竣工决算报告的概念、内容、种类及作用

(一)工程竣工决算报告的概念

工程竣工决算报告是指在竣工验收交付使用阶段,由建设单位编制的建设项目从筹建到竣工投产或使用全过程的全部实际支出费用的经济文件。它也是建设单位反映建设项目实际造价和投资效果的文件,是竣工验收报告的重要组成部分。

工程竣工决算是建设工程经济效益的全面反映,是项目法人核定各类新增资产价值、办理其交付使用的依据。它包括从筹划到竣工投产全过程的全部实际费用,即建筑工程费用、安装工程费用、设备器具购置费用和工程建设其他费用以及预备费和投资方向调节税支出费用等。

(二)工程竣工决算报告的内容

工程竣工决算报告一般由竣工财务决算说明书、竣工财务决算报表、工程竣工图和工程

造价对比分析四个部分组成。前两个部分又称之为工程项目竣工财务决算,这是竣工决算的核心内容。

1. 竣工财务决算说明书

竣工财务决算说明书主要包括:

(1)工程项目概况;

(2)会计财务的处理、财产物资情况及债权债务的清偿情况;

(3)资金节余及结余资金的分配处理情况;

(4)主要技术经济指标的分析、计算情况;

(5)工程项目管理及决算中存在的问题、建议;

(6)需要说明的其他事项。

2. 工程项目竣工财务决算报表

按国家财政部印发的财基字〔1998〕4号关于《基本建设财务管理若干规定》的通知和财基字〔1998〕498号《基本建设项目竣工财务决算报表》和《基本建设项目竣工财务决算报表填表说明》的通知,工程项目竣工财务决算报表按大、中型工程项目和小型项目分别制定。

大、中型项目需填报:工程项目竣工财务决算审批表;大、中型项目概况表;大、中型项目竣工财务决算表;大、中型项目交付使用资产总表;工程项目交付使用资产明细表。

小型项目需填报:工程项目竣工财务决算审批表(同大、中型项目);小型项目竣工财务决算总表;工程项目交付使用资产明细表。

3. 工程项目竣工图

工程项目竣工图是真实地刻录各种地上地下建筑物、构筑物等情况的技术文件,是工程进行交工验收、维护改建和扩建的依据,是国家的重要技术档案。国家规定:各项新建、扩建、改建的基本建设工程,特别是基础、地下建筑、管线、结构、井巷、峒室、桥梁、隧道、港口、水坝以及设备安装等隐蔽部位,都要编制竣工图。

4. 工程造价比较分析

工程造价比较应侧重以下内容:

(1)主要实物工程量。

(2)主要材料消耗量。

(3)建设单位管理费、建筑安装工程其他直接费、现场经费和间接费。

(三)工程竣工决算报告的种类

为了严格执行基本建设项目竣工验收制度,正确核定新增固定资产价值,考核投资效果,建立健全项目法人责任制,按照国家关于基本建设项目竣工验收的规定,所有的新建、扩建、改建和恢复项目竣工后都要编制竣工决算。根据建设项目规模的大小,可分为大、中型建设项目竣工决算和小型建设项目竣工决算两大类。必须指出,施工企业为了总结经验,提高自身经营管理水平,在单位工程(或单项工程)竣工后,往往也编制单位工程(或单项工程)竣工成本决算,用以核算工程实际成本、预算成本和成本降低额,作为实际成本分析,反映经营成果,总结经验和提高管理水平的手段。它与建设工程竣工决算在概念和内容方面都不一样。

(四)工程竣工决算报告的作用

工程竣工决算是从财务管理的角度出发,侧重于对资金的流向、大小和在时间上的分布的分析,以现行的财税制度为依据,通过以资金的流动情况为重点进行分析,形成符合基本建设财务管理办法的科目体系,来反映竣工工程从开始建设起至竣工为止的全部资金来源和运用情况,达成核定使用资产价值的目的。由于它侧重于对财务制度执行情况的反映,能够确定资金流动的真实性和合法性,竣工决算是建设各方考核工程经济活动成果的主要依据。其作用主要体现在以下几个方面:

(1)竣工决算是国家对基本建设投资实行计划管理的重要手段。

(2)竣工决算是竣工验收的主要依据。

(3)竣工决算是确定建设单位新增固定资产价值的依据。

(4)竣工决算是基本建设成果和财务的综合反映。

(5)竣工决算为建立交通基本建设工程技术经济档案、为工程定额修订提供资料。

二、工程竣工决算报告的写作方法

工程竣工决算报告的编制,是以建设单位为主,在监理工程师和施工单位的配合下共同完成的。根据《交通基本建设项目竣工决算报告编制办法》、《公路建设项目工程决算编制办法》等有关规定编制竣工决算。其编制原则、程序和方法,既不同于估算、概算和预算,也不同于招标标底和投标报价。因为从估算到报价的多次造价和编制,都是在工程开工之前进行的,要按照一定的编制程序和方法,通过各种计算表格进行大量的分析和累计计算,并经过一定的审批程序,才能成立;而竣工决算则是在工程竣工之后,根据实际发生的工程量和大量的施工统计原始资料,以工程承包合同价为依据来编制的,其主要表现形式,是要进行大量的统计分析而不是计算来重新确定工程造价文件。为了做好竣工决算报告的编制,建设单位从项目筹建开始,即应明确专人负责,做好有关资料的收集、整理、积累、分析工作。项目完成时,应组织工程技术、计划、财务、物资、统计等有关人员共同完成竣工决算报告的编制工作。工程竣工决算报告的编制步骤如下所述:

1. 收集、整理和分析有关依据资料

在工程竣工验收阶段,应注意收集资料,系统地整理所有的技术资料、工程结算的经济文件、施工图纸,审查施工过程中各项工程变更、索赔、价格调整、暂定金额等支付项目是否符合合同文件规定,签证手续是否完备;审查各中期支付和最终支付是否与竣工图表资料、合同文件相符。

2. 清理各项财务、债务和结余物资

既要核对账目,又要查点库存实物数量,做到账与物相等、账与账相符,对结余的各种材料、工器具和设备要逐项清点核实,妥善管理,并按规定及时处理,收回资金。

3. 填写竣工决算报表

4. 编制建设工程竣工决算说明

主要内容包括对工程进度、质量、安全和造价等四方面的总的评价,以及对各项财务和技术经济指标的分析。

5. 做好工程造价对比分析

在报告中,必须对控制工程造价所采取的措施、效果以及其动态的变化进行认真的比较分析,总结经验教训。批准的概算是考核建设工程造价的依据,在分析时,可将决算报表中所提供的实际数据和相关资料与批准的概算、预算指标进行对比,以考核竣工项目总投资控制的水平,在对比的基础上总结先进经验,找出落后的原因,提出改进措施。

6. 清理、装订好竣工图

7. 上报主管部门审查

建设工程竣工文件编制完成后,将其上报主管部门审查,并把其中财务成本部分送交开户银行签证。竣工决算报告在上报主管部门的同时,抄送有关设计单位。大中型建设项目的竣工决算报告还应抄送财政部、建设银行总行和省、市、自治区财政局和建设银行各一份。

【例文 4-12】

××市水务局陀兴水库除险加固工程竣工决算

建设单位:××市水务局

监理单位:××省水利电力建筑勘测设计院
　　　　　陀兴水库除险加固工程施工监理部

施工单位:××××建设集团有限公司

编制单位:××××建设集团有限公司

编制日期:二○○×年八月二十九日

陀兴水库除险加固工程竣工结算书

一、施工单位结算造价:24372999.21 元

人民币大写:贰仟肆佰叁拾柒万贰仟玖佰玖拾玖元贰角壹分

二、监理单位核准造价:＿＿＿＿＿＿＿＿＿＿＿＿＿＿＿

　　　人民币大写:＿＿＿＿＿＿＿＿＿＿＿＿＿＿＿

三、建设单位批准造价:＿＿＿＿＿＿＿＿＿＿＿＿＿＿＿

　　　人民币大写:＿＿＿＿＿＿＿＿＿＿＿＿＿＿＿

编制单位:××××建设集团有限公司

编制人:×××

审核人:×××

编制日期:二○○×年八月二十九日

编制说明:

一、编制依据:

1. ×水利基(2000)42 号文件、×水利基(2000)43 号文件、×水利基(2000)103 号文件,《××水利水电工程设计概(估)算编制办法及费用标准》、《××省水利水电时间性建筑工程预算定额》、《××省水利水电设备安装工程定额》和 2001 年《××省施工机械台班费用定额》、2001 年《××省建筑工程预算定额》、《安装工程预算定额××省基价本》;

2.《××省工程造价信息》2004 年第 4 期至 2006 年第 1 期;

3. ××省政府有关文件及规定;

4. 施工合同,施工签证资料;

5. 工程设计图纸,设计变更,竣工图纸及有关说明。

二、编制范围:土建、水利水电设备安装工程。

三、税费标准:执行琼建定[1994]17号文。

四、人工标准:按20.71元/工日计取。

五、本结算未含建设工程其他费用、预备费、工程保险费等。

一、某学院拟在北校区建一个学生活动中心,请同学们分析讨论并写一份可行性研究报告。

二、某学院需要修建一栋实训楼,向社会公开招标。

1.请拟写一份招标书。

2.假设××建筑公司准备投标,请你代拟写一份投标书。

第五章 常用书信

第一节 求职信、应聘信

一、求职信、应聘信的概念和特点

(一)求职信、应聘信的概念

求职信与应聘信都是向用人单位自荐谋求职位的专用书信,不同的是,求职信是求职人根据自己的条件和意向,向可能聘用自己的单位所写的书信;应聘信是在已获知用人单位正在招聘人员的情况下所写的书信。其作用要求大致相同(见例文5-1求职信、例文5-2应聘信)。

(二)求职信、应聘信的特点

1. 针对性

为了达到求职的目的,要研究自荐过程中可能遇到的情况、问题,从用人单位和自身条件入手,认真、客观地分析自己的优势和劣势。自荐要分主次,突出重点,有的放矢地加以表达,与求职无关的话,一概不提。

2. 自荐性

要让一个对你一无所知的人或组织,凭一封求职信就了解你、信任你,乃至录用你,难度是很大的。要求实事求是地自我推荐,把自己的长处和优势客观、清晰、充分地表达出来,既不夸大,也不过分谦让,让用人单位受到你的自信的感染,获得一个良好的印象。

3. 竞争性

要想在激烈的竞争中取胜,要对用人单位的特点、求职岗位的要求、自身的条件进行具体的分析和归纳。要勇于挑战,竭尽全力竞争。

二、求职信、应聘信的写作格式

(一)称呼

如果不知道用人单位主管者的姓名,可直接写上与单位、部门相称的主管者的职务称呼,如"人事部部长"、"营销部部长"等,也可在职务前写上"尊敬的"等修饰语。

(二)问候语

一般不用亲切的问候语,通常用"您好"、"打扰了"等开头。

(三)正文

这是求职信的重点,要写得紧凑、合理,具体写明自荐目标,选择对方单位的理由可以简述,重点介绍自己的各种有利的条件,以引起对方的注意与兴趣。

(四)结尾

要写得非常简洁,一是可以再次强调自荐的目标和希望对方给予答复的期盼;二是告知对方自己的电话、通讯地址和联系方式等。

(五) 署名、日期

署名写在结尾的右下方,署名要端正、清楚,不能写得龙飞凤舞,使人难以辨认。署名下一行写日期,要把年、月、日写全。

(六) 附件

一般包括个人简历、所学专业课程一览表、各科成绩表、各类获奖证书和有关证件,发表的论文、论著,学校有关部门的推荐意见以及教授、专家的推荐信。附件的作用有时比求职信本身更大,千万不可忽略。

【例文5-1】

求 职 信

尊敬的领导:

感谢您在百忙之中审阅我的求职信。

我叫李××,今年20岁,就读于西安美术学院,建筑环境艺术专业,将于2005年7月毕业。21世纪是一个充满挑战的时代,您一定需要充满热情、有能力、有责任心的跨世纪人才。因此,我愿以诚恳和负责的态度把自己推荐给您,并真诚希望成为贵单位的一员。

作为一名将结束学业步入社会的学生,我有信心接受社会的考验和来自自身的挑战。从一踏入大学校门开始,我就注意加强综合素质的培养和综合能力的锻炼。我始终坚持"修德、博学、求实、创新"的治学态度,对知识努力钻研,在广博的基础上力求精益求精,形成了较为完备的知识结构。同时我还积极锻炼自己的动手实践能力,具有独立思考、解决问题的能力和团结协作精神。在学校期间,积极拓展知识面,辅修计算机专业,熟悉计算机操作,掌握了AutoCAD、Photoshop、3Dmax等制图软件,以及Windows、Office等其他各种常用软件。在专业上,几年来我努力学习专业知识,从各门课程的基础知识出发,努力掌握其基本技能技巧,深钻细研,寻求环境艺术设计的精髓,并取得了良好的成绩。完整系统地掌握了专业知识理论,积极参与社会实践活动,综合素质和能力在自强不息的奋斗中得到了全面的提高。

此外,我还注重其他方面的能力培养,在与本专业相关的平面设计领域有过尝试与钻研,对动画制作也有浓厚的兴趣,并创作过动画模型与游戏场景。另外,我还选修了服装设计,作品参加课业展览,取得老师们的一致好评。我坚持进行社会实践,在各类实习中,不断得到锻炼和提高,使自己拥有了良好的应变能力和团队合作精神。在不断巩固自己专业知识的同时,面临社会的选择与考验,满怀热情,自信而坚定地去迎接将要面对的一切。我坚信只有脚踏实地,努力工作,才能做出更出色的成绩!

我深知:是为人才,修德为先。感谢您——希望您能给我一个机会,"投之以桃,报之以李",我一定会踏踏实实地做好每一份工作,为贵单位事业献上绵薄之力,再次感谢!

最后,谨祝贵单位事业蒸蒸日上!

此致

敬礼!

求职人:李××
200×年6月19日

【例文 5-2】

应 聘 信

WIDYADHARMA 大学基金会主席：

您好！

从印尼西加华文教育协调机构的副主席陈老师那里获悉贵校需要华文教师,我对教师一职很感兴趣。我现年23岁,生于印尼,2006年毕业于暨南大学华文教育专业,获教育本科学位。大学期间,我曾担任过学生会公关部长一职。毕业之前在学院担任了两个月的实习教师。2004年于 WIDYADRAMA 学了一年汉语,提高了汉语水平。此外,我还参加了 HSK,获得了8级等证书,普通话二级等证书。2005年我参加了两次华文教师培训班,获得了证书,扩展了我作为华文教师的能力。

本人性格温和,有耐心,对工作十分有责任心、自信心,非常注重团队合作精神。如能被贵校录用,我相信有能力担任贵校所要求的华文教师。

如能被录用的话,请您发 Email：×××××@yahoo.com 与我联系,我希望能尽快收到您的回信。谢谢您抽出宝贵时间阅读我的应聘信。

随信附上简历一份,两份华文教师培训证书,毕业证和身份证复印件各一份,近照两张。

祝

工作顺利！

陈××

××××年×月×日

第二节　介绍信、证明信

一、介绍信、证明信的概念、种类及特点

(一) 介绍信

1. 介绍信的概念

介绍信是机关、团体介绍本单位的有关人员到其他单位去联系、了解、办理、磋商事情时的专用书信。它具有介绍和证明双重作用,通常按照一定格式事先编号印好,有的还留有存根,使用时只要逐项填写即可;另外也有临时写成的书信式的介绍信(见例文5-3)。

2. 介绍信的种类

介绍信的形式大致分为三种:印刷成文,不留存根的介绍信;印刷成文,带存根的介绍信;用一般公文信纸写的书信式介绍信。

3. 介绍信的特点

介绍信的特点是它的凭证性。介绍信是各机关、团体必备的具有凭证作用的书信,持介绍信的人,可以凭借此信同有关单位或个人联系、商洽某些事项。收信者从对方的介绍信里就可以了解来者何人,任何职务,办何事情,有何具体希望和要求等,以便接洽、帮助、支持,把事情办好。所以介绍信不但有联系双方的作用,还有证明身份的作用。

(二)证明信

1. 证明信的概念

证明信,也称证明,它是以机关、团体、个人的名义凭借确凿的证据证明某人的身份、经历或某件事的真实情况时的专用书信(见例文5-4、例文5-5)。

2. 证明信的种类

(1)根据证明信的作用,可以把它分为三类:

①存档材料的证明信。这是一种证明曾经在本单位工作过或现在在本单位工作的人员的身份、经历、学历或有关事件情况的证明信。

②证明情况的证明信。这是由组织开出的证明某人身份或某一事实情况的证明信。

③作为证明的证明信。这是一种由于外出工作的需要,由本单位或有关主管部门开出的证件性的证明信。

(2)根据证明信的写作作者来划分,可以分为以下两类:

①以组织的名义写的证明信。这种证明信多数是证明曾经或正在本单位工作的人员的身份、职务、政治面貌、经历等,或者与本单位有关的事件。

②以个人名义所写的证明信。这种证明信是个人证明某人、某事的真实情况,内容完全由个人负责。

3. 证明信的特点

(1)真实性。这是证明信最重要的、最本质的体现。写证明信应据实作出证明,不得作假,出假证明会造成严重的后果。

(2)凭证性。证明信的凭证性是以真实性为基础的,许多事情的办理、问题的解决都是以证明信为依据的。

二、介绍信、证明信的写作格式和要求

(一)介绍信

1. 介绍信的写作格式

(1)标题。普通手写介绍信在办公用纸的上方写上"介绍信"三个字。不留存根和留存根的印刷介绍信,在第一行正中印上"介绍信"三个字。

(2)称呼。在标题下一行,顶格写上单位名称。

(3)正文。在收信下一行空两格写介绍信的内容。内容包括持介绍信人的姓名、年龄、政治面貌、职务、人数等,这是为了让对方了解持介绍信人的一般情况和身份;再写接洽、商办的事项以及向对方提出的希望、要求,这一部分一定要写清楚。

(4)结语。写上祝愿的敬意的话,如"此致敬礼"、"顺致敬礼"等,也可以不写。

(5)署名、日期。在结语的右下方署上开具介绍信的单位名称,并加盖公章。署名的下一行,写上介绍信开出的具体年、月、日。填表格式的介绍信,还要注意有效期限。

留有存根的介绍信,其存根是供本单位必要时查考用的。

2. 介绍信的写作要求

(1)要把被介绍人的真实名称、身份写清楚,不能冒名顶替。

(2)联系的事项要写得简明、具体,与所要联系、商洽的事情无关的内容不要写到介绍中。

(3)重要的介绍信要经领导过目,并在存根上签字,以示负责。

(4)向对方提出要求时语气谦和,一般使用"请接洽"、"请予协助"等,不能使用"应该"、"必须"等带有命令的口气。

(5)书写要工整,不能任意涂改,涂改处必须加盖公章,否则,对方可以不予接待。

(二)证明信

1.证明信的写作格式

(1)标题。在第一行居中位置写"证明信"三个字,或写"证明"也可以。

(2)称呼。在标题的下一行顶格写上收信者的单位名称。

(3)正文。在称呼的下一行空两格起写,要根据对方的要求,写清证明的内容。如果是证明经历的,要写清被证明人主要经历的时间、地点和所担任的职务。如果是证明事件的,要按事件发展的顺序写清时间、地点、参与者的姓名及其在此事件中的地位、作用以及事件的前因后果。

(4)结尾。在证明信正文的下一行,顶格写上"特此证明"。

(5)署名、日期。在结尾的右下方署上写证明信单位的名称并加盖公章。个人写的证明信署上个人的姓名并加盖个人名章。在署名下一行,写上具体的年、月、日。

(6)个人出具的证明信的末尾,要由书写证明信人的所在单位签署意见。主要包括:

①对写证明人的身份、职务、政治面貌作简要介绍,以便使对方了解证明人的情况,从而鉴别证明材料的真伪与可信程度。

②对证明材料表态。如熟悉所证明的材料,可表示明确的肯定或否定的态度,如不熟悉,可写"仅供参考"等字样。

③组织签署意见后,署上机关名称并加盖公章。在署名下一行,写上具体的年、月、日。

2.证明信的写作要求

(1)内容必须真实。写证明信一定要严肃慎重,对被证明人或事要有确实的清楚的了解,要实事求是,言之有据。

(2)语言简明、准确。证明信表述要清楚,用词恰当,不能模棱两可、含糊其辞。如有涂改,单位出具的证明信一定要在涂改处加盖公章,个人出具的证明信要在涂改处加盖私章。

(3)证明信要盖章,表示负责,否则无效。要留有存根,以备查考。证明信邮寄时,应予登记,并挂号寄出,以免遗失。

【例文5-3】

介 绍 信

××建筑工程有限公司:

兹介绍我系×××老师,前往贵公司联系200×级建筑工程技术专业学生顶岗实习事宜,敬请接洽并予以协助。

此致

敬礼!

××学院建筑工程系

200×年×月×日

【例文 5-4】

证 明 信

××学院:

贵院××系××专业学生×××于200×年×月×日至200×年×月×日在我公司××部门顶岗实习,各方面表现优秀。

特此证明。

××公司(公章)
200×年×月×日

【例文 5-5】

个人收入证明

兹有我公司(××××公司)员工×××,身份证号码:××××××××××××××××,在我司工作××年,任职××部门××经理(职位),年收入为人民币××元。

特此证明。

××××公司(加盖公章)
××××年×月×日

一、选择一个与专业相关的单位,拟写一份求职信。

二、王凯顶岗实习即将结束,请你代表公司为王凯拟写一份实习证明。

第六章　社交礼仪应用文

第一节　启事、声明

一、启事的概念和种类

（一）启事的概念

启事的单位或个人向公众说明事实，并希望公众协力、参与和注意的应用文（见例文6-1、例文6-2）。启事具有公开性、广泛性及告知与求助结合的特点，而不具约束力。可以在报刊上刊登，在广播、电视上播放，也可在公共场所张贴。

（二）启事的种类

启事通常可分为三大类：

(1) 征招类启事。如征稿、征订、征婚、招聘、招工、招生、招商、招领等启事。
(2) 告知类启事。如开业、停业、更正、更名、庆典、遗失、迁移、作废等启事。
(3) 寻找类启事。如寻人、寻物等启事。

二、启事的写作方法和要求

（一）启事的写作方法

1. 标题

启事标题拟写比较灵活，可由启事者、事由、文种构成，如《××学院招生启事》；也可由事由、文种构成，如《招聘科技人员启事》；还可不写文种，直接写出事由，如《英语强化班招生》、《寻人》、《诚聘英才》；比较重要或紧急的启事，可以写《重要启事》、《紧急启事》。

2. 正文

正文写明启事的目的、意义、原因、要求。应根据不同事由和目的决定内容的侧重和详略。如招领启事主要说明认领办法，而不详说特征；征婚启事主要说明征婚者情况及对应征者的要求；招生启事主要交代招生目的、类别、名额、报名条件、报名时间、地点以及联系人姓名、地址、联系方法。

3. 落款

在正文末右下方写明启事单位名称和个人姓名，并在其下一行写明日期。单位启事要加盖印章。

（二）启事的写作要求

(1) 实事求是，准确说明。

启事中的内容必须完全真实，不得弄虚作假。如征婚启事中写的本人的年龄、家庭情况等不能造假，否则就是欺骗行为。

(2)内容单一,简明扼要。

启事要做到一事一启,那样,便于读者迅速理解和记忆文义,也便于设计醒目的标题。内容要写得简明扼要、清楚明白,让人一看就知道是谁,有什么事。

(3)语言简洁,语气恳切,启事的语言宜直截了当,简短扼要,通俗明白,诚恳真切,让人一看就懂。

三、声明的概念和种类

(一)声明的概念

声明是国家机关、社会团体、企事业单位以及个人就某一重要问题声明立场、态度、主张或维护自己权益所发表的公开性应用文书。

(二)声明的种类

声明可以分两大类:

(1)政治类声明。包括对外声明、政府声明、联合声明(多用于国与国之间)等。

(2)民事类声明。包括维护自身权益(如著作权、专利权、产权等)的声明和挂失、作废之类的说明性声明等。

四、声明的写作方法和要求

(一)声明的写作方法

1. 标题

政治类声明的标题多用声明者、事由、文种三要素的公文式标题,如《中华建筑报社郑重声明》(见例文6-3),也可省略声明者。民事类声明的标题通常由事由、文种构成,如《银行开户许可证遗失声明》(见例文6-4);也有只写文种的。

2. 正文

正文是声明的主体,视内容多少可选用条文或贯通式写出声明的具体内容:包括对事件的态度、立场以及制止事件继续发展而将采取的措施、办法。

3. 落款

在正文右下方写上发表声明的单位全称或个人姓名,再在下一行写明日期。

(二)声明的写作要求

(1)事实确凿,有据可查。声明中提到的事实要确凿清楚,有据可查。如是遗失声明,所遗失的证件、票据应写上号码、份数。

(2)是非分明,有法可依。声明的内容要合乎有关法律的规定,是非界线要分明。

(3)观点鲜明,理直气壮。声明的观点要鲜明,不可含糊其词、模棱两可,表达要合乎逻辑,态度要理直气壮。

五、启事和声明的异同

启事和声明都具有内容的公开告知性,应用的广泛性,发表方式的多样性等特点。以发表方式为例,启事和声明都可以或登载于报刊,或播放于广播、电视,或在公共场所张贴。

启事和声明的不同点,主要表现在内容的侧重点上。声明的内容较单一,只告诉某种情况,表明态度,一般不提要求。而启事除向公众告知某一情况外,还要求对方协助办理。比如《寻人启事》，既要把要找的这个人的姓名、性别、年龄、体貌特征情况写清楚，又希望大家帮助寻找。

【例文6-1】

诚 聘 英 才

××公司，成立于××年×月，主营房地产开发与经营、物业管理、建材购销、房地产咨询等业务，因公司发展需要，现向社会招聘土建、安装工程方面的专业人员若干名。

聘用要求：

一、土建工程

要求：

专科及专科以上学历；

相关专业毕业；

具备4年以上的实际工作经验。

二、安装工程

要求：

专科及专科以上学历，主修相关专业；

有2年以上的工作经验及相关的技术背景。

欢迎有志之士持个人简历、结业证、身份证复印件及相关证明材料，于12月10日17:30以前，来我公司报名。

注：个人材料的复印件一律不予退还。

联 系 人：×先生

联系电话：××××××

电子信箱：××@sina.com

联系地址：××省××市××路××号（×楼人力资源部）

××公司人力资源部

200×年×月×日

【例文6-2】

××师范大学校庆启事

××师范大学定于2008年10月25日上午9时58分举行建校70周年庆典大会，特此告知××师范大学毕业后在我校工作的各位校友。我们将按照师大校庆办公室的要求，组团10人代表各位校友前往庆贺。如有意委托我们向母校捐资的单位和校友，请与我们联系，我们愿意热忱为大家服务。

联系人：刘×× ××××××××××

吴×× ××××××××××

××师范大学校友代表团

2008年10月20日

【例文6-3】

中华建筑报社郑重声明

最近有些企事业单位向我报反映：他们最近接到一些自称是中华建筑报社员工打来的电话，电话称中华建筑报社正在开展"2006年建筑企业、园林绿化企业、物业管理企业、房地产经纪机构企业资质审查同意（审批通过）单位统一发布登记活动"，要求有关企业参加。更有甚者，谎称此活动得到建设部相关部门的支持。在此，我们郑重声明：我报从未开展上述"统一发布登记活动"，也未授权任何组织或个人以报社名义开展此类活动。请各有关单位提高警惕，切莫上当受骗。同时，我社将保留追究发起"统一发布登记活动"的组织及相关责任人侵害我社名誉的法律责任的权力。

特此声明。

中华建筑报社
二〇〇六年十月三十一日

【例文6-4】

银行开户许可证遗失声明

重庆××××××有限公司遗失中国××××银行重庆分行×××支行开户许可证，证号：×××××××，声明作废。

重庆××××××有限公司
二〇〇×年×月×日

第二节 演 讲 稿

一、演讲稿的概念和特点

（一）演讲稿的概念

演讲稿是演讲的依据、规范和提示，是演讲者所用的文字底稿，是应用文中一种独立的文体。

演讲稿的含义包括广义和狭义两种。广义上的演讲稿，包括一切为准备在听众面前发表意见、抒发感情而写成的文稿，如学术专题演讲、会议报告演讲、法庭论辩演讲以及各种礼仪演讲等（见例文6-5）；而狭义上的演讲稿，则专指各种主题演讲稿，即参加各种演讲赛、演讲会使用的文稿。

当今社会，随着改革、开放的不断深入，人际交往日益频繁，人们对于演讲功能的认识日趋深化，参加演讲活动的兴趣不断增强。人们可以用演讲来交流思想、感情，表达主张、见解；也可以用来介绍自己的学习、工作情况、经验等。演讲稿具有宣传、鼓动、教育作用，它可以把演讲者的观点、主张和思想感情传达给观众以及读者，使他们信服并在思想感情上产生共鸣。

(二)演讲稿的特点

1. 社会性

演讲是一种社会活动,不是个人的自言自语,而是面对广大听众的讲话。因此,演讲的内容要与现实生活息息相关,要提出和回答现实生活中人们迫切需要解决的问题,人们关心和瞩目的焦点问题。

2. 有声性

演讲,主要是通过有声语言来传情达意的,因此要注意把语言转换成日常口语那样写出来,使讲稿读起来"上口"、"入耳"、便于演讲。

3. 临场性

演讲,是面对听众发表讲话。所谓"面对",就要求有一定的场合。因此不能不顾及听众、时间环境与地点环境。不同的听众来自不同的社会阶层,其口味、爱好、心理也不一样。因此要了解听众心理,而且还要具备应变能力,随时调整自己的演讲内容。在不同环境下,也应设计不同的演讲内容。

4. 动作性

动作性也是演讲的特点。演讲,不仅要讲,而且要演,因此要借助态势讲话,或做个手势,或露个表情,或递个眼神,以显示语意,表明感情态度。

5. 鼓动性

《易经》中说的"一人之辩,重于九鼎之宝;三寸之舌,强于百万之师",就是强调演讲内容鼓动效果。好的演讲应有一种激发听众情绪,赢得感情共鸣的鼓动性。

二、演讲稿的写作方法和要求

(一)演讲稿的写作方法

1. 标题

演讲稿的标题非常重要,因为它是听众最先听到的。好的标题如一个长着一双动人、会说话、会表现出人的精神面貌的眼睛一样,它不但能引起听众的注意,吸引听众听讲,而且能传达、反映出整篇演讲稿的主题精神。许多好的演讲标题,能勾魂摄魄,令人心向往之。因此写演讲稿,必须千方百计地拟制一个简洁、贴切、醒目悦耳、鲜明生动、富有吸引力、启发性的演讲标题,使演讲一开始就以新奇取胜,以美妙夺人。

2. 正文

演讲稿的正文一般由开头、主体、结尾三个部分组成。

(1)开头。又叫开场白,是演讲者给听众留下的第一印象。开场白是否新颖、精彩,引人入胜,是演讲能否取胜的重要一环。因此,好的演讲稿就应该用简洁的语言,讲出全部讲话的要领,调动听众的兴奋点,使听众的思路随演讲者的思路而展开,这样才能达到出奇制胜的效果。同时,开场白还具有"镇场"的作用,要造成一种气氛,控制全场情绪,在演讲者与听众之间架起一座沟通的桥梁,使听众全神贯注,为整个演讲的成功打下基础。

演讲稿的开头,可以不拘一格,采用多样的方式来吸引听众。或开门见山,点明主题,使听众容易把握演讲的要领;或提出问题,以新颖有趣的设问或反问来激发听众的注意和思索;或引用名人名言、诗词典故,引起听众的兴趣;或讲故事,以生动有趣的情节吸引听众等。但要注意的是,不要故弄玄虚、兜圈子,开头之后要尽快转入正题。

(2) 主体。这是演讲稿的主要内容,是"躯干"。这部分内容主要是反复阐明演讲的中心问题,用有限的篇幅,把问题谈清楚,谈透彻,说服、教育听众。这部分的写作,要求条理清楚,意思明白,合乎情理,既有严密的逻辑性,又变化有序,生动感人。

例如李嘉诚的《强者的有为》(见例文6-6),是他在长江商学院首届毕业典礼上的致辞。这篇演讲词没有华丽的辞藻,却能扣人心弦;没有豪言壮语,却能动人心魄;没有高谈阔论,却能启人心智。堪称一篇言浅情深、辞简气宏、语短意长的典范之作。

他的演讲真诚感人、精辟独到,主要特点有三:

第一,感情深厚。李先生斥巨资打造世界一流的商学院,体现了他爱国强国的梦想和回馈社会的宏愿。在收获希望的喜庆时刻,站在自己倾注了一腔心血和热情的地方,理当激情澎湃,慷慨陈词,但他在演讲中既不豪言壮语讲"爱国",也不高谈阔论谈"成功",更不自我标榜说"自己",而是用一段平实朴素的"内心告白",表达了自己内心的感叹、欢欣、骄傲和谢意:"长江商学院成立三年了,回想起来,这三年是一段很长的时光,今天我很高兴看见你们和家人一起庆祝生命中骄傲的这一刻,也谢谢你们让我分享。"然后话语一转,对学子们真诚坦言:"今天不太合适""说一些训勉的话",不应该告诉他们"应该做些什么,或者不应该做些什么",而是极力赞誉他们"都拥有丰富的人生经验……前途也一定是无可限量的","是最懂得掌握和有能力主宰自己生命的人"。寓浓厚的爱国之情于平淡质朴的话语之中,深蕴厚藏,含而不露,对莘莘学子的殷殷期盼、勉励之情溢于言表。

第二,气势恢宏。这篇演讲词全文不足千字,篇幅短小,语言简洁,亲切自然,随俗体却不落俗套,"旧瓶装新酒","老曲填新词",既没有令人生厌的套话、空话,也没有言不由衷的假话、大话。致辞的第三、四部分,李先生连续用了8个"我相信……"和3个"我们能否……"的排比句,层层铺砌,层层渲染,把"所坚持和珍惜的信念"的丰富内核充分表达出来,最后归纳总结出"强者的有为"之关键所在,与学子们共同分享自己的人生体验、做人原则、处世态度、成功心得和生活感悟。言浅辞约却字字有情、句句动人,表达坚定有力,铿锵激昂;简短精练却节奏明快、跌宕起伏、气势恢宏。成功地运用了排比句式,使整个演讲形成了一种雄浑之气、磅礴之势,更容易引起人们心灵和情感上的共鸣,具有非常强烈的感召力。

第三,意味深长。好的演讲要能够吸引人、打动人、鼓舞人,给人留下深刻的印象,更要能够引导人、启迪人、教育人,使人的思想得到熏陶,灵魂得到洗礼,情感得到净化,理想得到升华。在这篇简短的致辞中,李先生花了三分之二的篇幅,列述了"自由、责任、尊严、助人、承担、怜悯心、原则、价值观、真理、公平、正义、精神文明、理想、傲骨、诚信"等信念关键词,要言不烦地指出强者所应"坚持和珍惜的信念"的基本涵义和准则,最后强调"强者的有为"关键是:能否为自己家园的精神崇高和物质富足去"坚持我们正确的理想和原则",去"实践信念、责任和义务",去"运用我们的知识";能否为民族文化的历久常新而融入"自己生命的智慧和力量";能否为自己深爱的民族去"缔造更大的快乐、福祉、繁荣和非凡的未来"。字里行间彰显长者谦和之风、强者进取之道、仁者奉献之义,跳跃着拳拳赤子之心,洋溢着浓浓爱国之情,蕴含着深刻的哲理和深邃的思想,读来回肠荡气,振聋发聩,真可谓是言近旨远,意味深长,发人深思,催人奋进。

(3) 结尾。它也是演讲稿的一个重要和不可缺少的部分。要求写得切实、清楚、干净利落、深刻有力,要有回味、让人思索,不能拖泥带水,画蛇添足。常见的结尾方式有:总结式,即以简明有力的语言概述演讲主要内容或点明演讲主题,使听众得其要而悟其旨;号召式,即以激情的语言发出号召或希望,使听众受到鼓舞;警策式,即引用哲理性的语言和名言作结,以引起听众的思考和回味等。

(二)演讲稿的写作要求

(1)要有的放矢,以唤起听众的共鸣。演讲是直接面对听众交流思想感情,所以必须了解听众对象。一是要了解听众是哪些人,他们的文化层次、职业状况、生活状况、思想状况;二是要了解听众的心理、愿望和要求,特别是他们最关心的问题和他们的迫切要求。了解得越清楚,越能有的放矢地发表演说,解决他们的问题,启开他们的心扉,引起他们的共鸣。

(2)要有丰富的内容和明确的中心思想。演讲必须有真切、具体的内容,有鲜明的立意和明确的中心,才会有思想价值和现实意义,才能给听众以启发和教育。同时,一篇好的演讲也总是有清晰的思路和严谨的逻辑的,能围绕中心思想展开全部内容,组织观点和材料。

(3)要有强烈的感情色彩。演讲不仅要有冷静的分析,即晓之以理;更需诚挚热烈的感情,即动之以情。情理结合,才能既有说服力,又富有鼓动性。演讲面对听众,要态度鲜明。提倡什么,反对什么,歌颂什么,鞭策什么,要十分明朗,绝不能模棱两可。同时,又不能装腔作势,矫揉造作,像演戏一样,而应当是真情实感的自然流露。

(4)语言要简洁明快,通俗易懂。演讲稿的语言,一般应简洁明快,通俗晓畅,便于听众听得懂、记得住。当然,在不同环境,对不同对象也有不同要求。演讲的语言风格,要与内容相适应,还要看场合,看对象,注意环境气氛。

【例文6-5】

洋溢诗的芬芳
——在学艺大学开学典礼上的演讲

郭沫若

我们办学校,人要求其多,心要求其少。古人说"纣有亿万臣为亿万心,周有臣三千为一心",我希望我们眼前的三十人的同学,从今天开学以后,便把大家的思想感情打成一片,要成为一个心脏。

我们的同学仅仅三十人,或者大家会嫌其少罢?或者大家都觉得有点难乎为情罢?不,一点也不。英国的卡莱尔说过:英国宁肯牺牲印度,不肯牺牲一位莎士比亚。莎士比亚是有名的大文学家,诸位想来都是晓得的。我们单拿印度的人口来说罢,那儿据说有两万万人。英国宁肯牺牲印度而不肯牺牲莎士比亚,岂不是一个莎士比亚的价值,抵得过两万万人以上。

因此,我希望我们的同学,从今天起便放下决心,要人人都成为莎士比亚。

那么,我们这三十个人,不是就有六十万万人以上!

六十万万人是我们中国的人口的约略十四倍,我们如造出了三十位莎士比亚,不是就等于造出了十四个中国吗?

所以,我们一点也不要觉得难堪。我要再说一遍,我们的心总要求其少,而我们每一个人的身上总望要生出孙悟空的毫毛。

【例文6-6】

强者的有为

(2005年9月25日于长江商学院首届毕业典礼致辞)
李嘉诚

尊敬的各位领导、各位来宾、项院长、各位教授、各位同学和家人：

长江商学院成立了三年，回想起来，这三年是一段很长的时光，今天我很高兴看见你们和家人一起庆祝生命中骄傲的这一刻，也谢谢你们和我分享。

项院长说主讲嘉宾要说一些训勉的话，我想今天不太合适，你们诸位先生女士，都拥有丰富的人生经验，在你们选择的行业内也曾付出努力、争取得不同程度的成就，前途也一定是无可限量的，你们才是最懂得掌握和有能力主宰自己生命的人，因此我认为我不应该告诉你们应该做些什么，或者不应该做些什么。

今天我想和大家分享我所坚持和珍惜的信念了：

我相信自由，也相信自由和责任是并行不悖的。

我相信世上每一个人都有义务去维护人类的尊严。

我相信帮助他人对社会有所贡献，是每一个人必要的承担。

我相信强者特别要学习聆听弱者无声的呐喊；没有怜悯心的强者，不外是个庸俗匹夫。

我相信只有坚守原则和拥有正确价值观的人，才能共建一个正直、有秩序及和谐的社会。一个没有原则的世界是一个缺乏互信的世界。

我相信只有通过对真理和公平不断的追求，才可建立一个正义的社会。

我相信没有精神文明、只有物质充斥的繁荣表象，是一个枯燥、自私和危险的世界。

我相信有理想的人富有傲骨和诚信，而愚昧的人往往被傲慢和假象所蒙蔽。

各位朋友，强者的有为，关键在我们能否凭仗自己的意志坚持我们正确的理想和原则；凭仗我们的毅力实践信念、责任和义务，运用我们的知识创造丰盛精神和富足的家园；我们能否将自己生命的智慧和力量，融入我们的文化，使它在瞬息万变的世界中能历久常新；我们能否贡献于我们深爱的民族，为她缔造更大的快乐、福祉、繁荣和非凡的未来。

我在这里和大家共勉。

谢谢大家。

第三节 欢迎词、欢送词、答谢词

一、欢迎词的概念和写作方法

(一)欢迎词的概念

欢迎词，是代表国家、政党，代表企事业单位、群众团体欢迎国内外宾客时，或企事业单位、群众团体欢迎新来工作的同事时所使用的讲话稿(见例文6-7)。

欢迎词是社交礼仪演讲词的一种，使用较多，言辞热情，旨在对来宾表示欢迎和尊重，表达友好交往、增强交流与合作的心愿，创造和强化友好和谐的社交气氛。

(二)欢迎词的写作方法

欢迎词的结构包括标题、称谓、正文和结尾四部分。

1. 标题

标题有两种写法。一种是直接以《欢迎词》为标题;另一种由"致辞人、致辞场合、文种"组成,如《×××在欢迎×××宴会上的欢迎词》。

2. 称谓

写对欢迎对象的称呼。要把所有来宾都包括进去,称呼要用全称,并使用尊称,如"尊敬的"、"敬爱的"等修饰语,以显示庄重和尊敬。

3. 正文

正文的开头要写致词人在什么时候,以什么身份,代表谁向来宾表示欢迎和问候。接着写来访或召开此次会议的意义、作用,或者阐述两国或两个单位之间的友谊、交往,表达进一步发展友好合作关系的意愿和打算。

4. 结尾

祝愿宾客来访或会议取得圆满成功,祝愿宾客与会议代表在访问期间、会议期间过得愉快。

二、欢送词的概念和写作方法

(一)欢送词的概念

欢送词是送别来宾的仪式或宴会上向来宾发表的欢送讲话,是代表国家、政党,代表企事业单位、群众团体欢送国内外宾客时,或企事业单位、群众团体欢送要离去的同志时所使用的讲稿。

欢送词所欢送的对象有以下几种:或欢送访问成功将离去的来访宾客;或欢送学习或工作任务完成后将离去的学者、科研工作者;或欢送将去另一地方、另一单位工作而调离的同事(见例文6-8);或欢送刚毕业将离校跨入社会的学生;或欢送出国留学、工作的亲人、朋友或同事等。欢送对象不同,欢送词的用语和内容也有所不同。

(二)欢送词的写作方法

欢送词一般包括标题、称谓、正文和结尾四个部分。

1. 标题

欢送词的标题与欢迎词大体相同,只需将《欢迎词》改成《欢送词》即可。

2. 称谓

与欢迎词写法相同。

3. 正文

欢送词正文的开头先写致词人代表谁向来宾表示欢送,同时表达依依惜别之情。接着叙述在来宾访问期间双方的友谊及友好关系的新进展,并满怀信心地预见今后的发展,表示真诚合作的态度。

4. 结尾

要对来宾表示惜别之情,发出再次来访的邀请,并祝愿来宾一路平安。

三、答谢词的概念和写作方法

(一)答谢词的概念

答谢词,是宾客访问即将结束,在主人举行的欢送仪式或宴会上,或者是宾客自己举行的告别仪式或答谢宴会上所发表的感谢主人盛情邀请、合作及关照的演讲文稿(见例文6-9);或者是在别人或有关单位为自己举办的祝贺性集会或活动中,自己为感谢主人或主办者的盛情而发表的讲话稿。

答谢词有一定的应对性。如颁奖仪式或祝贺性活动中,主持人致颁奖词或众人致祝词后,获奖者或被祝贺者即致答谢词。在欢送宴会上,主人致欢送词后,宾客即致答谢词。

(二)答谢词的写作方法

1. 标题

答谢词的标题有两种写法。一种是直接写《答谢演说》或《答谢词》;另一种是由"致词人、致辞场合、文种"构成,如《柯灵在创作生涯60年研讨会上的答谢词》。

2. 称谓

写明致谢对方的姓名、称呼。

3. 正文

答谢词的正文写致辞的中心内容。先要表示对对方的感谢,倾吐自己的心声。接着回叙双方的交往和情谊,着重强调对方所给予的支持和帮助,并表明自己对巩固和发展友谊的打算和愿望。

4. 结尾

再次表示感谢,并表示良好的祝愿。

【例文6-7】

欢 迎 词

××物业公司的领导、同志们:

××物业公司和××××物业服务中心虽然位于不同的城市,但我们的友谊是地理距离分隔不了的。今天,贵公司的领导、同志来我店参观、指导,这是我们交往中的一件大事,我代表××公司的领导和全体员工,并以我个人的名义,对你们的光临表示热烈欢迎!

××物业公司是××市一家新兴的、很有发展潜力的物业公司,我们×××物业服务中心是×××市具有多年物业管理经验的公司。虽然我们的经营方法、管理体制等方面有不尽相同的地方,但这并不妨碍我们之间的友好往来和交流合作。几年来,我们双方经常互派代表交流、学习、借鉴对方的经验和管理模式,彼此结下了深厚的友谊。我深信,贵公司此次来访必将取得圆满成功,必将更加增进我们之间的友谊,为我们共同成为当地最佳物业公司而共同努力奋斗!

请允许我再一次对你们的光临表示热烈欢迎!

谢谢大家!

【例文6-8】

欢 送 词

尊敬的各位专家:

两天紧张的工程质量研讨会议,今天圆满结束了!

这是一次高效率的会议,在过去的两天里,各位专家认真听取了我们××建筑公司关于工程质量方面存在的问题的汇报,讨论并修订了工程施工流程,对我公司的工程质量方面提出了许多宝贵的意见。大家在研讨中畅所欲言,各抒己见。专家们的真知灼见丰富了我们的见识,开阔了我们的视野,拓展了我们的思路。各位专家,各位朋友,明天你们就要离开了,时间虽然短暂,但我们的友谊长存。我们将重视专家们的好建议,把它们贯彻到实际工作中去。

最后,我代表××建筑公司再一次感谢各位专家的光临,感谢专家给我们提供宝贵的意见和建议。

祝大家归途愉快,工作顺利,身体健康。

【例文6-9】

答 谢 词

女士们、先生们:

首先请允许我代表××省建设协会感谢××建筑公司的盛情及款待,今天我能出席文体中心建筑工地现场观摩会,感到十分荣幸,能有机会和在场的各位专业朋友畅谈,感到非常高兴。

中国的建筑行业是国家支柱产业,是民生产业,有着广阔的发展前景。文体中心的建设,对提升城市品位,完善城市内涵,塑造城市形象,对满足广大市民朋友的精神文化需要有着重大的意义,标志着我市文体事业掀开了崭新的一页。

在这里再次感谢各界朋友对我的关心和指导,我将把这次观摩会上的先进技术和宝贵经验带回去,与你们共同发展,为建筑行业的繁荣昌盛添上辉煌灿烂的一笔!

一、张琳同学的学生证丢了,请你代她拟写一则遗失启事。

二、假如你被学校指定在新同学入学的开学典礼上代表老生发言,请写一篇演讲稿。

三、假如你班有同学代表我系去北京参加全国高职生建筑技能大赛,请你代表建工系写一篇欢送词。

四、你被评上了学生会干部或者三好生,在同学为你举办的庆祝会上,你向所有给予你帮助的人表示答谢,拟写一篇答谢词。

附录一

党政机关公文处理工作条例

中办发〔2012〕14号
(2012年4月16日由中共中央办公厅和国务院办公厅联合印发)

第一章 总 则

第一条 为了适应中国共产党机关和国家行政机关(以下简称党政机关)工作需要,推进党政机关公文处理工作科学化、制度化、规范化,制定本条例。

第二条 本条例适用于各级党政机关公文处理工作。

第三条 党政机关公文是党政机关实施领导、履行职能、处理公务的具有特定效力和规范体式的文书,是传达贯彻党和国家方针政策,公布法规和规章,指导、布置和商洽工作,请示和答复问题,报告、通报和交流情况等的重要工具。

第四条 公文处理工作是指公文拟制、办理、管理等一系列相互关联、衔接有序的工作。

第五条 公文处理工作应当坚持实事求是、准确规范、精简高效、安全保密的原则。

第六条 各级党政机关应当高度重视公文处理工作,加强组织领导,强化队伍建设,设立文秘部门或者由专人负责公文处理工作。

第七条 各级党政机关办公厅(室)主管本机关的公文处理工作,并对下级机关的公文处理工作进行业务指导和督促检查。

第二章 公文种类

第八条 公文种类主要有:

(一)决议。适用于会议讨论通过的重大决策事项。

(二)决定。适用于对重要事项作出决策和部署、奖惩有关单位和人员、变更或者撤销下级机关不适当的决定事项。

(三)命令(令)。适用于公布行政法规和规章、宣布施行重大强制性措施、批准授予和晋升衔级、嘉奖有关单位和人员。

(四)公报。适用于公布重要决定或者重大事项。

(五)公告。适用于向国内外宣布重要事项或者法定事项。

(六)通告。适用于在一定范围内公布应当遵守或者周知的事项。

(七)意见。适用于对重要问题提出见解和处理办法。

(八)通知。适用于发布、传达要求下级机关执行和有关单位周知或者执行的事项,批转、转发公文。

(九)通报。适用于表彰先进、批评错误、传达重要精神和告知重要情况。

(十)报告。适用于向上级机关汇报工作、反映情况,回复上级机关的询问。

（十一）请示。适用于向上级机关请求指示、批准。

（十二）批复。适用于答复下级机关请示事项。

（十三）议案。适用于各级人民政府按照法律程序向同级人民代表大会或者人民代表大会常务委员会提请审议事项。

（十四）函。适用于不相隶属机关之间商洽工作、询问和答复问题、请求批准和答复审批事项。

（十五）纪要。适用于记载会议主要情况和议定事项。

第三章 公文格式

第九条 公文一般由份号、密级和保密期限、紧急程度、发文机关标志、发文字号、签发人、标题、主送机关、正文、附件说明、发文机关署名、成文日期、印章、附注、附件、抄送机关、印发机关和印发日期、页码等组成。

（一）份号。公文印制份数的顺序号。涉密公文应当标注份号。

（二）密级和保密期限。公文的秘密等级和保密的期限。

涉密公文应当根据涉密程度分别标注"绝密""机密""秘密"和"保密"期限。

（三）紧急程度。公文送达和办理的时限要求。根据紧急程度，紧急公文应当分别标注"特急""加急"，电报应当分别标注"特提""特急""加急""平急"。

（四）发文机关标志。由发文机关全称或者规范化简称加"文件"二字组成，也可以使用发文机关全称或者规范化简称。联合行文时，发文机关标志可以并用联合发文机关名称，也可以单独用主办机关名称。

（五）发文字号。由发文机关代字、年份、发文顺序号组成。联合行文时，使用主办机关的发文字号。

（六）签发人。上行文应当标注签发人姓名。

（七）标题。由发文机关名称、事由和文种组成。

（八）主送机关。公文的主要受理机关，应当使用机关全称、规范化简称或者同类型机关统称。

（九）正文。公文的主体，用来表述公文的内容。

（十）附件说明。公文附件的顺序号和名称。

（十一）发文机关署名。署发文机关全称或者规范化简称。

（十二）成文日期。署会议通过或者发文机关负责人签发的日期。联合行文时，署最后签发机关负责人签发的日期。

（十三）印章。公文中有发文机关署名的，应当加盖发文机关印章，并与署名机关相符。有特定发文机关标志的普发性公文和电报可以不加盖印章。

（十四）附注。公文印发传达范围等需要说明的事项。

（十五）附件。公文正文的说明、补充或者参考资料。

（十六）抄送机关。除主送机关外需要执行或者知晓公文内容的其他机关，应当使用机关全称、规范化简称或者同类型机关统称。

（十七）印发机关和印发日期。公文的送印机关和送印日期。

（十八）页码。公文页数顺序号。

第十条 公文的版式按照《党政机关公文格式》国家标准执行。

第十一条　公文使用的汉字、数字、外文字符、计量单位和标点符号等,按照有关国家标准和规定执行。民族自治地方的公文,可以并用汉字和当地通用的少数民族文字。

第十二条　公文用纸幅面采用国际标准 A4 型。特殊形式的公文用纸幅面,根据实际需要确定。

第四章　行文规则

第十三条　行文应当确有必要,讲求实效,注重针对性和可操作性。

第十四条　行文关系根据隶属关系和职权范围确定。一般不得越级行文,特殊情况需要越级行文的,应当同时抄送被越过的机关。

第十五条　向上级机关行文,应当遵循以下规则:

(一)原则上主送一个上级机关,根据需要同时抄送相关上级机关和同级机关,不抄送下级机关。

(二)党委、政府的部门向上级主管部门请示、报告重大事项,应当经本级党委、政府同意或者授权;属于部门职权范围内的事项应当直接报送上级主管部门。

(三)下级机关的请示事项,如需以本机关名义向上级机关请示,应当提出倾向性意见后上报,不得原文转报上级机关。

(四)请示应当一文一事。不得在报告等非请示性公文中夹带请示事项。

(五)除上级机关负责人直接交办事项外,不得以本机关名义向上级机关负责人报送公文,不得以本机关负责人名义向上级机关报送公文。

(六)受双重领导的机关向一个上级机关行文,必要时抄送另一个上级机关。

第十六条　向下级机关行文,应当遵循以下规则:

(一)主送受理机关,根据需要抄送相关机关。重要行文应当同时抄送发文机关的直接上级机关。

(二)党委、政府的办公厅(室)根据本级党委、政府授权,可以向下级党委、政府行文,其他部门和单位不得向下级党委、政府发布指令性公文或者在公文中向下级党委、政府提出指令性要求。需经政府审批的具体事项,经政府同意后可以由政府职能部门行文,文中须注明已经政府同意。

(三)党委、政府的部门在各自职权范围内可以向下级党委、政府的相关部门行文。

(四)涉及多个部门职权范围内的事务,部门之间未协商一致的,不得向下行文;擅自行文的,上级机关应当责令其纠正或者撤销。

(五)上级机关向受双重领导的下级机关行文,必要时抄送该下级机关的另一个上级机关。

第十七条　同级党政机关、党政机关与其他同级机关必要时可以联合行文。属于党委、政府各自职权范围内的工作,不得联合行文。

党委、政府的部门依据职权可以相互行文。部门内设机构除办公厅(室)外不得对外正式行文。

第五章　公文拟制

第十八条　公文拟制包括公文的起草、审核、签发等程序。

第十九条　公文起草应当做到:

（一）符合国家法律法规和党的路线方针政策,完整准确体现发文机关意图,并同现行有关公文相衔接。

（二）一切从实际出发,分析问题实事求是,所提政策措施和办法切实可行。

（三）内容简洁,主题突出,观点鲜明,结构严谨,表述准确,文字精练。

（四）文种正确,格式规范。

（五）深入调查研究,充分进行论证,广泛听取意见。

（六）公文涉及其他地区或者部门职权范围内的事项,起草单位必须征求相关地区或者部门意见,力求达成一致。

（七）机关负责人应当主持、指导重要公文起草工作。

第二十条　公文文稿签发前,应当由发文机关办公厅(室)进行审核。审核的重点是：

（一）行文理由是否充分,行文依据是否准确。

（二）内容是否符合国家法律法规和党的路线方针政策;是否完整准确体现发文机关意图;是否同现行有关公文相衔接;所提政策措施和办法是否切实可行。

（三）涉及有关地区或者部门职权范围内的事项是否经过充分协商并达成一致意见。

（四）文种是否正确,格式是否规范;人名、地名、时间、数字、段落顺序、引文等是否准确;文字、数字、计量单位和标点符号等用法是否规范。

（五）其他内容是否符合公文起草的有关要求。

需要发文机关审议的重要公文文稿,审议前由发文机关办公厅(室)进行初核。

第二十一条　经审核不宜发文的公文文稿,应当退回起草单位并说明理由;符合发文条件但内容需作进一步研究和修改的,由起草单位修改后重新报送。

第二十二条　公文应当经本机关负责人审批签发。重要公文和上行文由机关主要负责人签发。党委、政府的办公厅(室)根据党委、政府授权制发的公文,由受权机关主要负责人签发或者按照有关规定签发。签发人签发公文,应当签署意见、姓名和完整日期;圈阅或者签名的,视为同意。联合发文由所有联署机关的负责人会签。

第六章　公文办理

第二十三条　公文办理包括收文办理、发文办理和整理归档。

第二十四条　收文办理主要程序是：

（一）签收。对收到的公文应当逐件清点,核对无误后签字或者盖章,并注明签收时间。

（二）登记。对公文的主要信息和办理情况应当详细记载。

（三）初审。对收到的公文应当进行初审。初审的重点是：是否应当由本机关办理,是否符合行文规则,文种、格式是否符合要求,涉及其他地区或者部门职权范围内的事项是否已经协商、会签,是否符合公文起草的其他要求。经初审不符合规定的公文,应当及时退回来文单位并说明理由。

（四）承办。阅知性公文应当根据公文内容、要求和工作需要确定范围后分送。批办性公文应当提出拟办意见报本机关负责人批示或者转有关部门办理;需要两个以上部门办理的,应当明确主办部门。紧急公文应当明确办理时限。承办部门对交办的公文应当及时办理,有明确办理时限要求的应当在规定时限内办理完毕。

（五）传阅。根据领导批示和工作需要将公文及时送传阅对象阅知或者批示。办理公文传阅应当随时掌握公文去向,不得漏传、误传、延误。

（六）催办。及时了解掌握公文的办理进展情况，督促承办部门按期办结。紧急公文或者重要公文应当由专人负责催办。

（七）答复。公文的办理结果应当及时答复来文单位，并根据需要告知相关单位。

第二十五条　发文办理主要程序是：

（一）复核。已经发文机关负责人签批的公文，印发前应当对公文的审批手续、内容、文种、格式等进行复核；需作实质性修改的，应当报原签批人复审。

（二）登记。对复核后的公文，应当确定发文字号、分送范围和印制份数并详细记载。

（三）印制。公文印制必须确保质量和时效。涉密公文应当在符合保密要求的场所印制。

（四）核发。公文印制完毕，应当对公文的文字、格式和印刷质量进行检查后分发。

第二十六条　涉密公文应当通过机要交通、邮政机要通信、城市机要文件交换站或者收发件机关机要收发人员进行传递，通过密码电报或者符合国家保密规定的计算机信息系统进行传输。

第二十七条　需要归档的公文及有关材料，应当根据有关档案法律法规以及机关档案管理规定，及时收集齐全、整理归档。两个以上机关联合办理的公文，原件由主办机关归档，相关机关保存复制件。机关负责人兼任其他机关职务的，在履行所兼职务过程中形成的公文，由其兼职机关归档。

第七章　公文管理

第二十八条　各级党政机关应当建立健全本机关公文管理制度，确保管理严格规范，充分发挥公文效用。

第二十九条　党政机关公文由文秘部门或者专人统一管理。设立党委（党组）的县级以上单位应当建立机要保密室和机要阅文室，并按照有关保密规定配备工作人员和必要的安全保密设施设备。

第三十条　公文确定密级前，应当按照拟定的密级先行采取保密措施。确定密级后，应当按照所定密级严格管理。绝密级公文应当由专人管理。

公文的密级需要变更或者解除的，由原确定密级的机关或者其上级机关决定。

第三十一条　公文的印发传达范围应当按照发文机关的要求执行；需要变更的，应当经发文机关批准。

涉密公文公开发布前应当履行解密程序。公开发布的时间、形式和渠道，由发文机关确定。

经批准公开发布的公文，同发文机关正式印发的公文具有同等效力。

第三十二条　复制、汇编机密级、秘密级公文，应当符合有关规定并经本机关负责人批准。绝密级公文一般不得复制、汇编，确有工作需要的，应当经发文机关或者其上级机关批准。

复制、汇编的公文视同原件管理。复制件应当加盖复制机关戳记。翻印件应当注明翻印的机关名称、日期。汇编本的密级按照编入公文的最高密级标注。

第三十三条　公文的撤销和废止，由发文机关、上级机关或者权力机关根据职权范围和有关法律法规决定。公文被撤销的，视为自始无效；公文被废止的，视为自废止之日起失效。

第三十四条　涉密公文应当按照发文机关的要求和有关规定进行清退或者销毁。

第三十五条 不具备归档和保存价值的公文,经批准后可以销毁。销毁涉密公文必须严格按照有关规定履行审批登记手续,确保不丢失、不漏销。个人不得私自销毁、留存涉密公文。

第三十六条 机关合并时,全部公文应当随之合并管理;机关撤销时,需要归档的公文经整理后按照有关规定移交档案管理部门。

工作人员离岗离职时,所在机关应当督促其将暂存、借用的公文按照有关规定移交、清退。

第三十七条 新设立的机关应当向本级党委、政府的办公厅(室)提出发文立户申请。经审查符合条件的,列为发文单位,机关合并或者撤销时,相应进行调整。

第八章 附 则

第三十八条 党政机关公文含电子公文。电子公文处理工作的具体办法另行制定。

第三十九条 法规、规章方面的公文,依照有关规定处理。外事方面的公文,依照外事主管部门的有关规定处理。

第四十条 其他机关和单位的公文处理工作,可以参照本条例执行。

第四十一条 本条例由中共中央办公厅、国务院办公厅负责解释。

第四十二条 本条例自 2012 年 7 月 1 日起施行。1996 年 5 月 3 日中共中央办公厅发布的《中国共产党机关公文处理条例》和 2000 年 8 月 24 日国务院发布的《国家行政机关公文处理办法》停止执行。

附录二

一般工业项目可行性研究报告编制大纲

一、总论
(一)项目背景
1. 项目名称
2. 承办单位概况(新建项目指筹建单位情况,技术改造项目指原企业情况,合资项目指合资各方情况)
3. 可行性研究报告编制依据
4. 项目提出的理由与过程
(二)项目概况
1. 拟建地点
2. 建设规模与目标
3. 主要建设条件
4. 项目投入总资金及效益情况
5. 主要技术经济指标
(三)问题与建议
二、市场预测
(一)产品市场供应预测
1. 国内外市场供应现状
2. 国内外市场供应预测
(二)产品市场需求预测
1. 国内外市场需求现状
2. 国内外市场需求预测
(三)产品目标市场分析
1. 目标市场确定
2. 市场占有份额分析
(四)价格现状与预测
1. 产品国内市场销售价格
2. 产品国际市场销售价格
(五)市场竞争力分析
1. 主要竞争对手情况
2. 产品市场竞争力优势、劣势
3. 营销策略
(六)市场风险
三、资源条件评价(指资源开发项目)

（一）资源可利用量

矿产地质储量、可采储量、水利水能资源蕴藏量、森林蓄积量等。

（二）资源品质情况

矿产品位、物理性能、化学组分，煤炭热值、灰分、硫分等。

（三）资源赋存条件

矿体结构、埋藏深度、岩体性质，含油气地质构造等。

（四）资源开发价值

资源开发利用的技术经济指标。

四、建设规模与产品方案

（一）建设规模

1. 建设规模方案比选

2. 推荐方案及其理由

（二）产品方案

1. 产品方案构成

2. 产品方案比选

3. 推荐方案及其理由

五、场址选择

（一）场址所在位置现状

1. 地点与地理位置

2. 场址土地权属类别及占地面积

3. 土地利用现状

4. 技术改造项目现有场地利用情况

（二）场址建设条件

1. 地形、地貌、地震情况

2. 工程地质与水文地质

3. 气候条件

4. 城镇规划及社会环境条件

5. 交通运输条件

6. 公用设施社会依托条件（水、电、汽、生活福利）

7. 防洪、防潮、排涝设施条件

8. 环境保护条件

9. 法律支持条件

10. 征地、拆迁、移民安置条件

11. 施工条件

（三）场址条件比选

1. 建设条件比选

2. 建设投资比选

3. 运营费用比选

4. 推荐场址方案

5. 场址地理位置图

六、技术方案、设备方案和工程方案

(一)技术方案

1. 生产方法(包括原料路线)

2. 工艺流程

3. 工艺技术来源(需引进国外技术的,应说明理由)

4. 推荐方案的主要工艺(生产装置)流程图、物料平衡图、物料消耗定额表

(二)主要设备方案

1. 主要设备选型

2. 主要设备来源(进口设备应提出供应方式)

3. 推荐方案的主要设备清单

(三)工程方案

1. 主要建、构筑物的建筑特征、结构及面积方案

2. 矿建工程方案

3. 特殊基础工程方案

4. 建筑安装工程量及"三材"用量估算

5. 技术改造项目原有建、构筑物利用情况

6. 主要建、构筑物工程一览表

七、主要原材料、燃料供应

(一)主要原材料供应

1. 主要原材料品种、质量与年需要量

2. 主要辅助材料品种、质量与年需要量

3. 原材料、辅助材料来源与运输方式

(二)燃料供应

1. 燃料品种、质量与年需要量

2. 燃料供应来源与运输方式

(三)主要原材料、燃料价格

1. 价格现状

2. 主要原材料、燃料价格预测

(四)编制主要原材料、燃料年需要量表

八、总图运输与公用辅助工程

(一)总图布置

1. 平面布置

列出项目主要单项工程的名称、生产能力、占地面积、外形尺寸、流程顺序和布置方案

2. 竖向布置

(1)场区地形条件

(2)竖向布置方案

(3)场地高程及土石方工程量

3. 技术改造项目原有建、构筑物利用情况

4. 总平面布置图(技术改造项目应标明新建和原有以及拆除的建、构筑物的位置)

5. 总平面布置主要指标表

(二)场内外运输

1. 场外运输量及运输方式

2. 场内运输量及运输方式

3. 场内运输设施及设备

(三)公用辅助工程

1. 给排水工程

(1)给水工程。用水负荷、水质要求、给水方案

(2)排水工程。排水总量、排水水质、排放方式和泵站管网设施

2. 供电工程

(1)供电负荷(年用电量、最大用电负荷)

(2)供电回路及电压等级的确定

(3)电源选择

(4)场内供电、输变电方式及设备设施

3. 通信设施

(1)通信方式

(2)通信线路及设施

4. 供热设施

5. 空分、空压及制冷设施

6. 维修设施

7. 仓储设施

九、节能措施

(一)节能措施

(二)能耗指标分析

十、节水措施

(一)节水措施

(二)水耗指标分析

十一、环境影响评价

(一)场址环境条件

(二)项目建设和生产对环境的影响

1. 项目建设对环境的影响

2. 项目生产过程产生的污染物对环境的影响

(三)环境保护措施方案

(四)环境保护投资

(五)环境影响评价

十二、劳动安全卫生与消防

(一)危害因素和危害程度

1. 有毒有害物品的危害

2. 危险性作业的危害

(二)安全措施方案

1. 采用安全生产和无危害的工艺和设备

2. 对危害部位和危险作业的保护措施

3. 危险场所的防护措施

4. 职业病防护和卫生保健措施

(三)消防设施

1. 火灾隐患分析

2. 防火等级

3. 消防设施

十三、组织机构与人力资源配置

(一)组织机构

1. 项目法人组建方案

2. 管理机构组织方案和体系图

3. 机构适应性分析

(二)人力资源配置

1. 生产作业班次

2. 劳动定员数量及技能素质要求

3. 职工工资福利

4. 劳动生产率水平分析

5. 员工来源及招聘方案

6. 员工培训计划

十四、项目实施进度

(一)建设工期

(二)项目实施进度安排

(三)项目实施进度表(横线图)

十五、投资估算

(一)投资估算依据

(二)建设投资估算

1. 建筑工程费

2. 设备及工器具购置费

3. 安装工程费

4. 工程建设其他费用

5. 基本预备费

6. 涨价预备费

7. 建设期利息

(三)流动资金估算

(四)投资估算表

1. 项目投入总资金估算汇总表

2. 单项工程投资估算表

3. 分年投资计划表

4. 流动资金估算表

十六、融资方案

（一）资本金筹措

1. 新设项目法人项目资本金筹措

2. 既有项目法人项目资本金筹措

（二）债务资金筹措

（三）融资方案分析

十七、财务评价

（一）新设项目法人项目财务评价

1. 财务评价基础数据与参数选取

（1）财务价格

（2）计算期与生产负荷

（3）财务基准收益率设定

（4）其他计算参数

2. 销售收入估算（编制销售收入估算表）

3. 成本费用估算（编制总成本费用估算表和分项成本估算表）

4. 财务评价报表

（1）财务现金流量表

（2）损益和利润分配表

（3）资金来源与运用表

（4）借款偿还计划表

5. 财务评价指标

（1）盈利能力分析

①项目财务内部收益率

②资本金收益率

③投资各方收益率

④财务净现值

⑤投资回收期

⑥投资利润率

（2）偿债能力分析（借款偿还期或利息备付率和偿债备付率）

（二）既有项目法人项目财务评价

1. 财务评价范围确定

2. 财务评价基础数据与参数选取

（1）"有项目"数据

（2）"无项目"数据

（3）增量数据

（4）其他计算参数

3. 销售收入估算（编制销售收入估算表）

4. 成本费用估算（编制总成本费用估算表和分项成本估算表）

5. 财务评价报表

（1）增量财务现金流量表

（2）"有项目"损益和利润分配表

(3)"有项目"资金来源与运用表

(4)借款偿还计划表

6.财务评价指标

(1)盈利能力分析

①项目财务内部收益率

②资本金收益率

③投资各方收益率

④财务净现值

⑤投资回收期

⑥投资利润率

(2)偿债能力分析(借款偿还期或利息备付率和偿债备付率)

(三)不确定性分析

1.敏感性分析(编制敏感性分析表,绘制敏感性分析图)

2.盈亏平衡分析(绘制盈亏平衡分析图)

(四)财务评价结论

十八、国民经济评价

(一)影子价格及通用参数选取

(二)效益费用范围调整

1.转移支付处理

2.间接效益和间接费用计算

(三)效益费用数值调整

1.投资调整

2.流动资金调整

3.销售收入调整

4.经营费用调整

(四)国民经济效益费用流量表

1.项目国民经济效益费用流量表

2.国内投资国民经济效益费用流量表

(五)国民经济评价指标

1.经济内部收益率

2.经济净现值

(六)国民经济评价结论

十九、社会评价

(一)项目对社会的影响分析

(二)项目与所在地互适性分析

1.利益群体对项目的态度及参与程度

2.各级组织对项目的态度及支持程度

3.地区文化状况对项目的适应程度

(三)社会风险分析

(四)社会评价结论

二十、风险分析

(一)项目主要风险因素识别

(二)风险程度分析

(三)防范和降低风险对策

二十一、研究结论与建议

(一)推荐方案的总体描述

(二)推荐方案的优缺点描述

1. 优点

2. 存在问题

3. 主要争论与分歧意见

(三)主要对比方案

1. 方案描述

2. 未被采纳的理由

(四)结论与建议

附图、附表、附件：

(一)附图

1. 场址位置图

2. 工艺流程图

3. 总平面布置图

(二)附表

1. 投资估算表

(1)项目投入总资金估算汇总表

(2)主要单项工程投资估算表

(3)流动资金估算表

2. 财务评价报表

(1)销售收入、销售税金及附加估算表

(2)总成本费用估算表

(3)财务现金流量表

(4)损益和利润分配表

(5)资金来源与运用表

(6)借款偿还计划表

3. 国民经济评价报表

(1)项目国民经济效益费用流量表

(2)国内投资国民经济效益费用流量表

(三)附件

1. 项目建议书(初步可行性研究报告)的批复文件

2. 环保部门对项目环境影响的批复文件

3. 资源开发项目有关资源勘察及开发的审批文件

4. 主要原材料、燃料及水、电、汽供应的意向性协议

5. 项目资本金的承诺证明及银行等金融机构对项目贷款的承诺函

6. 中外合资、合作项目各方草签的协议
7. 引进技术考察报告
8. 土地主管部门对场址批复文件
9. 新技术开发的技术鉴定报告
10. 组织股份公司草签的协议

附录三

招投标业务的基本程序

招投标业务的基本程序包括招标前的准备工作、投标、开标、评标、定标及中标签约等几个环节。

(一)招标的基本程序

招标前的准备工作主要包括:

1. 发布招标公告

采用"选择性招标"或"谈判招标"方式时,一般不发招标通知。而采用"公开招标"或"两段招标"时,都应在国内报刊或权威杂志刊登招标广告。招标公告主要介绍招标项目的主要内容、要求条件和投标须知等。按照国际惯例,招标公告和招标广告应在招标前两日发出。

2. 资格预审

预审是指招标人对投标人的基本情况、财务状况、供应与生产能力、经营作风及信誉进行全面预先审查。目前国际上一般采用分发"资格预审调查表"的做法,由招标人根据投标人所提供的数据进行"分项评分"。

3. 编制招标文件

招标文件又称"标书"、"标单",内容主要包括:

(1)招标商品的交易条件,但价格条件由投标人投标时提出。

(2)投标人须知,如列明投标人资格、投标日期、开标日期、寄送投标单的方法等。

(3)投标人交纳投标保证金及履约保证金的条款。

(二)投标的基本程序

1. 投标前的准备工作

投标人参加投标之前的准备工作包括:

(1)编制投标资格审查表。

(2)分析招标文件。投标人要对招标文件中的招标条件、技术标准、合同格式等进行认真分析。

(3)寻找投标担保单位。

2. 编制投标文件和提供保证函

投标人慎重研究标书后,一旦决定参加投标,就要根据招标文件的规定编制和填报投标文件。为防止投标人在中标后不与招标人签约,招标人通常要求投标人提供投标保证金或投标保证函。投标保证金可以缴纳现金,也可以由投标人通过银行向招标人出具银行保函或备用信用证。保证金额是按照投标金额的百分比计算的,一般为10%左右。

3. 递送投标文件

投标文件须在投标截止日期之前送达招标人,逾期失效。递送投标文件,一般应密封后挂号邮寄,或派专人送达。

(三)开标、评标、决标

1. 开标

开标是指招标人在指定日期、时间和地点将收到的投标书中所列的标价和提出的交易条件进行比较,然后择优选定投标人。开标日期、时间和地点要在招标文件中事前予以规定。开标有公开开标和不公开开标两种方式(选择何种方式都必须符合当地法律法规和得到行业主管部门同意)。公开开标是指招标委员会或招标机构主持开标会议,招标委员会成员应当全部出席,或至少要超过法定人数。投标人均可自由参加,还可以邀请某些公众代表或当地有声望的人士参加监督。在开标会议上,当众拆开所有的标书,宣读其标价。会上还应拆阅各投标人递交的投标保证书,当众检查保证书的金额及其开出保证书的银行是否符合招标书的规定。若保证书内容与规定不符,则不予接受,并宣布该投标人标书因违章而作废。所有的标价应登记在案,由招标委员会成员签字,表示在评标和授标之前,不得修改报价。如果招标书明确规定提供样品,则在收标和开标时,应检查样品及其对样品的说明,样品检查后要编号封样,以待评标时作技术鉴定。

不公开招标是由招标人自行选定中标人,投标人不派出代表参加开标。国际招标,大多数采用公开开标的方式。

2. 评标和决标

评标是指招标人组织人员从不同角度对投标进行评审。评标的主要内容为:

(1)研究对比投标报价。

(2)评审投标是否有任何违反《投标须知》的规定。

(3)审查投标计算是否有严重错误。

(4)对标书内容有否严重误解等。

参加评标的人员应当坚持"准确性"、"公开性"和"保密性"。

决标是指经过评标,作出决定,最后选定中标人的行为。在投标人的最低报价与其他投标人的报价相差很大,甚至低于主管部门预计的"底标价"情况下,评标人可裁定其属于不合理报价,将标权授予其后报价较高的投标人。

3. 中标签约

中标人必须与招标人签约,否则保证金予以没收。

参 考 文 献

[1] 汪祥云,蒋瑞松.应用文写作[M].上海:上海交通大学出版社,2007.
[2] 李玉芬.现代秘书学[M].贵阳:贵州人民出版社,2004.
[3] 谭吉平,周林.建筑应用文写作[M].北京:中国建筑工业出版社,2007.